# COMPUTACIÓN CUÁNTICA

INNOVANT PUBLISHING
SC Trade Center: Av. de Les Corts Catalanes 5-7
08174, Sant Cugat del Vallès, Barcelona, España
© 2021, Innovant Publishing
© 2021, Trialtea USA, L.C.

Director general: Xavier Ferreres
Director editorial: Pablo Montañez
Coordinación editorial: Adriana Narváez
Producción: Xavier Clos

Diseño de maqueta: Oriol Figueras
Maquetación: Mariana Valladares
Equipo de redacción:
Redacción: Martín Ungaro
Edición: Ricardo Franco
Corrección: Karina Garofalo
Coordinación editorial: Adriana Narváez
Créditos fotográficos: "Computadora cuántica, detalle", "Ingeniero
diseñando en una PC", "Aprendizaje automatizado y computación
cognitiva", "Sello postal con la imagen de Max Planck", "Sello postal
con la imagen de Albert Einstein", "Modelo 3D de una molécula de
agua", "Paradoja de Erwin Schroedinger", "Representación de un qubit",
"Cartel de la NASA en Cabo Cañaveral", "Edificio Google en Detroit",
"Representación 3D de superposición cuántica", "Concepto de red",
"Tratamiento con rayo láser", "Procesador de computadora cuántica",
"Identificador de huella dactilar", "Red de cadena de bloqueo", "Internet
de las cosas", "Tecnología 5G", "Satélite cuántico", "Robot industrial",
"Hombre jugando ajedrez con un robot","Sala de control de sistemas",
"interpretación de una tomografía", "Computadora cuántica IBM Q
System One", "New York Stock Exchange", "Criptografía digital",
"Depósitos de amoníaco", "Resonador magnético", "Chip procesador
cuántico", "Microcontrolador futuro", Ilustración 3D de partículas
atómicas", "Programación informática", "Computadora cuántica IBM Q
System One", "Ilustración 3D de una computadora cuántica", "Prototipo
de IBM Q System One", "Chip de computadora cuántica", "Chip Horse
Ridge" (© Shutterstock) "ENIAC" (© Album-online), "Trampa de iones" (©
Commons.wikimedia.org).

ISBN: 978-1-68165-882-7
Library of Congress: 2021933827

Impreso en Estados Unidos de América
*Printed in the United States*

# ÍNDICE

# INTRODUCCIÓN

Transcendence (2014), la película del director estadounidense Wally Pfister (1961-), cuenta la vida del científico Will Carter, quien construye una supercomputadora con conciencia autosuficiente como para adquirir por sí misma conocimientos sobre todos los aspectos humanos y naturales del planeta. La máquina, de gran potencia y velocidad, puede averiguar cómo remediar enfermedades que no tenían cura hasta ese momento, fabricar nuevos materiales orgánicos o mejorar el medioambiente para que las personas vivan mejor. En el punto culminante de su labor, el científico –interpretado por el actor Johnny Depp (1963-)– es asesinado por un grupo terrorista antitecnología y sus colaboradores, entre los que se encuentra su esposa Evelyn –la actriz Rebecca Hall (1982-)–, conectan el cerebro de Carter al disco rígido de la computadora. De esta manera, el investigador es convertido en un artefacto que piensa y que envía una copia de seguridad de sí mismo a las máquinas del mundo científico y divulga el resultado de sus descubrimientos: un trabajo esencial para el progreso humano.

Cuando se estrenó Transcendence, la crítica cinematográfica y los espectadores la consideraron una ficción científica de baja calidad. Ahora sabemos que Will Carter es un personaje inventado, pero también sabemos que en la actualidad nos encontramos ante una verdadera revolución tecnológica. Muchos investigadores en distintas partes del mundo están trabajando en el desarrollo de nuevas tecnologías cuánticas, más allá de las conocidas, como el láser o la resonancia magnética. Por ahora, estas tecnologías basadas en la mecánica cuántica o naturaleza atómica (las partículas que componen un átomo) son tecnologías de laboratorio muy complejas y demasiado costosas que se aplican de modo experimental con éxitos limitados. Sin embargo, los ingenieros y los físicos auguran que a mediano plazo comenzaremos a sentir el impacto social de las nuevas tecnologías cuánticas por aplicaciones en distintas áreas como matemáticas, criptografía, construcción de materiales, comunicaciones, comercio, finanzas, educación, genética, medicina, transporte y meteorología, entre otras.

Si aceptamos que el avance de la ciencia y de la técnica marcha a gran velocidad, podremos entender que las nuevas tecnologías cuánticas serán disruptivas en un futuro no tan lejano. De hecho, algunos filósofos de la ciencia ya consideran que serán la base de sustento para una nueva Revolución Industrial.

# UN CAMBIO DE PARADIGMA EN LAS CIENCIAS INFORMÁTICAS

## La cuántica invade las computadoras

En 1965, el premio Nobel de Física Richard Feynman (1918-1988) propuso la simulación de sistemas físicos por medio del control de la dinámica de sistemas cuánticos, en especial, la superposición de partículas a nivel atómico. Cuando se demostró que efectivamente las computadoras basadas en principios cuánticos ofrecían ventajas en la realización de determinadas tareas de utilidad práctica, como la factorización de números enteros, se produjo una revolución tecnológica cuyos alcances todavía no se conocen con precisión. Aunque no la veamos, la computación cuántica ya está entre nosotros.

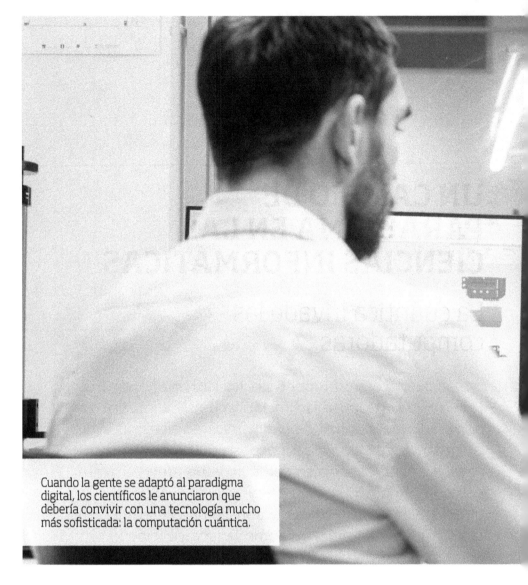

Cuando la gente se adaptó al paradigma digital, los científicos le anunciaron que debería convivir con una tecnología mucho más sofisticada: la computación cuántica.

## NUEVA ERA PARA LA ALFABETIZACIÓN DIGITAL

A lo largo de la historia, la evolución de la ciencia y la técnica fue mucho más rápida que la capacidad de adaptación de las personas. En el apogeo de la primera Revolución Industrial (1760-1840), los tejedores manuales ingleses destruían los telares mecánicos porque consideraban que ellos serían reemplazados por máquinas y perderían sus puestos de trabajo. Una intuición que con el correr de los años se vio confirmada en la creciente automatización de las factorías y, más tarde, en la aparición de la robótica industrial.

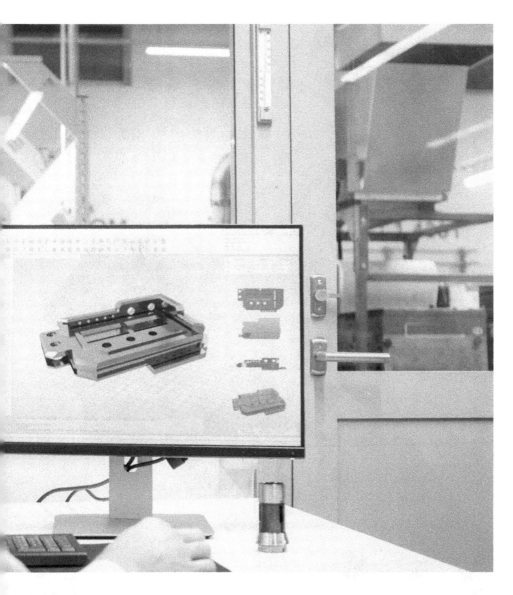

La actitud de reaccionar con temor hacia lo nuevo es inherente a los seres humanos de todas las épocas. Algo similar ocurrió en las tres últimas décadas del siglo xx, cuando las personas nacidas en la era analógica de los teléfonos por cable y las radios a transistores por ondas se enfrentaban con suspicacia a los ordenadores o computadoras personales digitales, una máquina que "pensaba por sí misma", decían con desconfianza. Finalmente, las PC (*personal computers* o computadoras personales) acabaron por imponerse en el mundo e hicieron desaparecer varias profesiones manuales e industrias mecánicas como las de los archivadores, los teletipistas del correo y los fabricantes de máquinas de escribir.

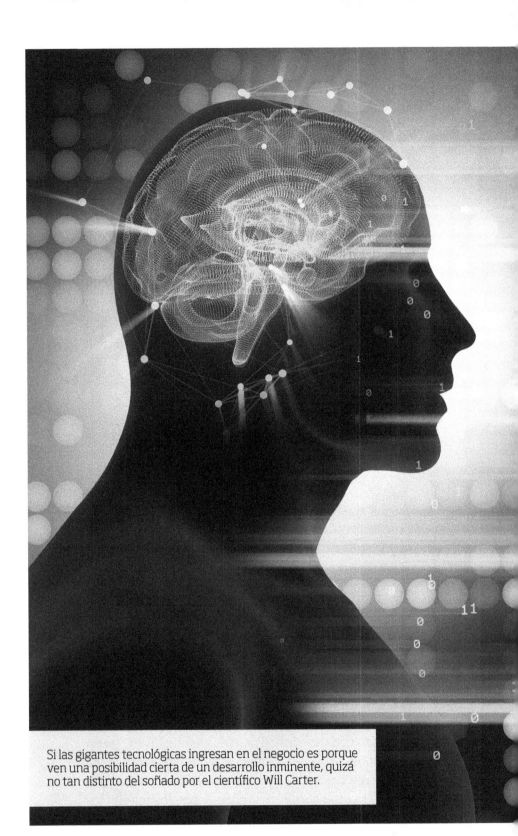

Si las gigantes tecnológicas ingresan en el negocio es porque ven una posibilidad cierta de un desarrollo inminente, quizá no tan distinto del soñado por el científico Will Carter.

Max Planck, a la izquierda y
Albert Einstein, a la derecha.

Esta dinámica "evolucionista" no se detiene jamás. Apenas la gente se adaptó a las computadoras personales y adoptó como propia la tecnología digital con sus *notebooks*, sus *tablets* o sus teléfonos inteligentes (en inglés, *smartphones*), los especialistas en ciencias informáticas anunciaron que el paradigma digital conviviría –y tal vez sea reemplazado más adelante– con el paradigma cuántico, una técnica que, según presagian, tendrá un poder disruptivo para la humanidad acaso similar al que tuvo la máquina de vapor durante la primera Revolución Industrial.

El avance irrefrenable de la informática generó cambios económicos, políticos y sociales que eran inconcebibles hasta la década de 1970. Nacieron nuevas profesiones, nuevas carreras universitarias y se desarrollaron investigaciones sobre aspectos científicos, humanos y naturales que ni siquiera se planteaban como hipótesis. Las PC se convirtieron en electrodomésticos absolutamente necesarios para trabajar, administrar las finanzas personales o simplemente disfrutar del tiempo libre jugando o viendo películas. En contraste, se esfumaron muchos trabajos que ahora se efectúan de manera automática y más eficiente, como el del operario que ajustaba tuercas en una cadena de producción o el ascensorista que trasladaba pasajeros de un piso a otro en un hotel o un edificio de oficinas.

A raíz de estas transformaciones ya comprobadas en la vida cotidiana de las personas, los científicos consideran como "tarea urgente" la alfabetización digital de los estudiantes desde los primeros niveles educativos para disminuir la brecha entre clases sociales más y menos favorecidas, o entre los países altamente industrializados y los países subdesarrollados. Los alumnos y los trabajadores deben manejar los conceptos claves de la era digital, debido a que la llegada de nuevas tecnologías superadoras renueva a una velocidad asombrosa el modelo actual de enseñanza, investigación y empleo.

Esta alteración en los campos educativo y laboral está encabezada, precisamente, por tecnologías basadas en computación cuántica que se están investigando con presupuestos enormes a partir del fuerte interés que mostraron las grandes corporaciones multinacionales.

# EL ORIGEN DE LAS TECNOLOGÍAS CUÁNTICAS

Los científicos han ido desarrollando teorías, artilugios y dispositivos tecnológicos a medida que mejoraba su comprensión sobre el funcionamiento de la naturaleza por medio de la ciencia. En las primeras décadas del siglo xx, distintos físicos teóricos, desde Max Planck (1858-1947) hasta Albert Einstein (1879-1955), analizaron algunos fenómenos naturales cuya lógica les era incomprensible y elaboraron una nueva tesis que proponía la existencia de una "mecánica cuántica" a nivel microscópico. Con esa hipótesis, describieron el funcionamiento de moléculas, átomos y partículas que son invisibles para el ojo humano.

La molécula fue definida como la porción más pequeña y estable de una sustancia, que se compone de átomos unidos entre sí. Por su parte, el átomo es el fragmento más pequeño de materia que conserva características químicas que le son propias. Está formado por un núcleo de protones (partículas de carga eléctrica positiva) y neutrones (partículas de carga eléctrica neutra), y por

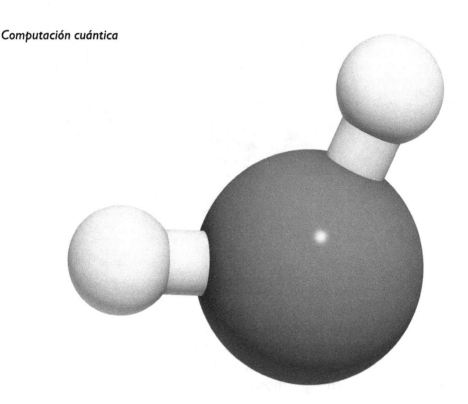

18   electrones (partículas de carga eléctrica negativa que rodean al núcleo del átomo y tienen un comportamiento ondulatorio, según la mecánica cuántica). Las partículas denominadas protones, neutrones y electrones constituyen el llamado nivel subatómico.

Gracias a los progresos paulatinos de la mecánica cuántica, los expertos lograron aislar moléculas y analizar fenómenos físicos ignorados hasta entonces. Por ejemplo, descubrieron que la naturaleza atómica (o molecular) y la subatómica (las partículas que componen el átomo) funcionan de forma muy diferente a la naturaleza física que vemos. Esto quiere decir que en el universo microscópico se producen "rarezas" que no son verificables en el universo macroscópico. La teoría elaborada por los expertos en cuántica predice dos propiedades básicas: la superposición y el entrelazamiento, que fueron utilizadas luego para los actuales desarrollos de la informática. El sintagma superposición cuántica describe el modo en que una misma partícula puede estar en diferentes estados al mismo tiempo. Esa propiedad fue analizada en un experimento teórico por el físico austríaco Erwin Schrödinger (1887-1961). Según las leyes de la física microscópica, las partículas no solamente pueden estar en un estado u otro, sino que, en una combinación arbitraria, pueden estar en ambos estados a la vez.

Modelo en 3D de una molécula de
agua. En rojo, el átomo de oxígeno y
en blanco, los átomos de hidrógeno.

El concepto de entrelazamiento cuántico define la manera en que
dos partículas separadas por una distancia cualquiera pueden estar
relacionadas una con la otra. Esta propiedad explica que esas dos
partículas, en determinadas condiciones físicas, sincronicen y
compartan un mismo estado de información: si la primera cambia, la segunda también lo hará.

Además, existe un protocolo de comunicación cuántica, la teleportación de partículas que está vinculada al entrelazamiento y es más
simple de explicar: es un proceso en el cual se transmite información
cuántica de una posición a otra suficientemente alejada, mediante un
canal clásico. Este tipo de comunicación fue implementada experimentalmente en diversos sistemas físicos tales como fotones, iones,
electrones y circuitos superconductores. Una peculiaridad que constituye el protocolo de comunicación cuántica. El término "teleportación cuántica" fue propuesto por primera vez por el físico inglés
Charles Bennett (1943-) en 1993. Los experimentos de teleportación
sirvieron para mostrar que era posible manipular los sistemas cuánticos y realizar tareas que predijo la teoría cuántica.

El físico español Juan Ignacio Cirac (1965-), uno de los pioneros en
el campo de la informática cuántica y director de la División Teórica
del Instituto Max-Planck de Óptica Cuántica, en Alemania, sostuvo
que "no existe una explicación que pueda satisfacer a los incrédulos" acerca del comportamiento de las partículas a nivel microscópico, porque "no existe un símil válido" en el mundo físico observable. "No tenemos ninguna muestra en el mundo en el que vivimos,
no podemos decir 'es como si...' porque no hay nada igual", explicó.

A partir del comportamiento de superposición, el premio Nobel
de Física Richard Feynman (1918-1988) elaboró en 1981 una teoría que tenía como objetivo final procesar información a escala
atómica en una computadora que siguiera las leyes de la mecánica
cuántica. Hasta ese momento, era una fantasía de un científico brillante y algo excéntrico, según sus colegas.

## EL GATO VIVO Y MUERTO AL MISMO TIEMPO

La llamada "paradoja de Schrödinger" fue difundida en 1935 para exponer las rarezas del principio de superposición. El físico austríaco imaginó un sistema teórico compuesto por una caja cerrada y opaca que contiene en su interior un gato, una botella de gas venenoso y un dispositivo con un átomo en un estado excitado que tiene una determinada probabilidad de decaer. Al decaer, el átomo emite un fotón de luz que acciona un mecanismo mediante el cual se libera el gas venenoso capaz de matar al gato.

Luego de un tiempo y de acuerdo con las leyes de la mecánica cuántica, el átomo se encontrará en un estado tal que ambas posibilidades coexistirán. De manera que el gato también estará en una superposición de estados "vivo" y "muerto" a la vez. Algo que no percibiremos al abrir la caja, ya que lo hallaremos "vivo" o "muerto".

De acuerdo con este experimento teórico, al hacer interactuar un sistema microscópico como el átomo, con un sistema macroscópico como el gato, podríamos generar estados de superposición de sistemas macroscópicos. La razón por la cual no vemos estos estados es la misma por la que resulta difícil construir computadoras cuánticas de muchos *qubits*: la decoherencia. Los sistemas macroscópicos interactúan fuertemente con su entorno y pierden rápidamente las propiedades cuánticas.

## LAS IDEAS DE FEYNMAN

Las ideas de Feynman tenían un propósito claro y fueron estudiadas enseguida por otros especialistas: dado que la naturaleza es intrínsecamente cuántica, sería mejor utilizar una computadora que siga las leyes de la mecánica cuántica para simular el comportamiento de sistemas físicos. Mucho más tarde surgió la idea de utilizar los dispositivos cuánticos para realizar cálculos de gran complejidad que se resuelvan más rápidamente.

Los cómputos clásicos se pueden pensar como transformaciones sobre un conjunto de bits. Los bits son las unidades básicas de información que pueden encontrarse en dos estados, 0 o 1. Una diferencia significativa que existe con los dispositivos cuánticos es que su unidad básica de información es el *qubit*, que puede encontrarse en una infinidad de estados intermedios entre el 0 y el 1, gracias al principio de superposición.

Los matemáticos y físicos cuánticos que sucedieron a Feynman tomaron sus ideas relacionadas con la simulación de sistemas físicos y se inspiraron en ellas para pensar otro modelo físico de computadora. En este proceso trabajaron para demostrar que algo útil podía hacerse con estos dispositivos, antes de desarrollar la tecnología necesaria. Es decir, primero avanzó el trabajo teórico.

*21*

En principio, dejaron de lado la noción de bit (acrónimo de *binary digit*), unidad mínima de información empleada en informática, y propusieron una nueva unidad básica de información: el *qubit* (*quantum* bit o cúbit).

Además, ratificaron varios de los conceptos que el premio Nobel de Física había definido.

# APLICACIONES DE LAS NUEVAS TECNOLOGÍAS CUÁNTICAS

El conjunto de las nuevas tecnologías cuánticas impactarán notablemente en la vida de las personas tanto directa como indirectamente. Distintos campos del quehacer humano como la medicina, la biología, la genética, la educación y el trabajo, la economía y las finanzas, la agricultura, el transporte o la meteorología dispondrán de una nueva generación de herramientas tecnológicas cuánticas altamente disruptivas.

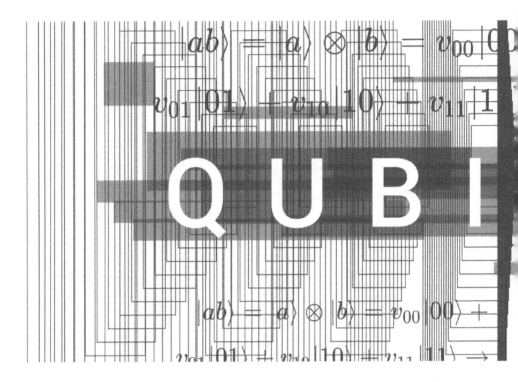

Actualmente estamos en presencia de una revolución tecnológica en áreas como la computación cuántica, la información cuántica, la simulación cuántica, la óptica cuántica, la metrología cuántica, los relojes cuánticos o los sensores cuánticos.

- La computación cuántica es la tecnología cuántica más conocida por su potencial para escalar la capacidad computacional disponible en el presente, con aplicaciones en casi todos los campos imaginables. Desde el año 2000, universidades y grandes compañías tecnológicas como IBM, Google, Microsoft o Rigetti han ido batiendo el récord de la computadora cuántica con un mayor número de *qubits*, aunque todavía ninguna corre con ventaja frente a la computación digital.
- La información cuántica se encarga de estudiar la cuantificación, almacenamiento y transferencia de información. En este campo se encuentra la criptografía cuántica, que ofrecerá una manera completamente segura de proteger información y datos incluso ante la computación cuántica.
- Un simulador cuántico es un sistema físico cuántico que puede ser preparado o manipulado de manera que permita

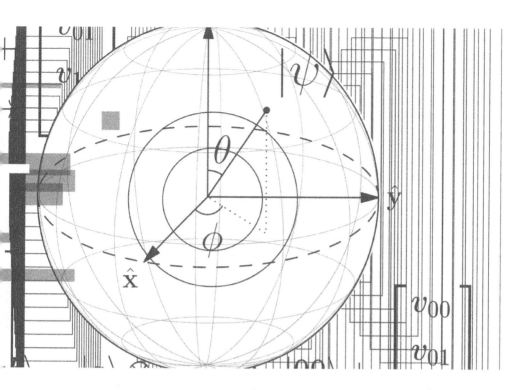

estudiar propiedades de un sistema complejo clásico o
cuántico. Hay distintos tipos y permiten resolver problemas o
situaciones específicas inabordables con computación clásica.

- La óptica cuántica trata los procesos y fenómenos cuánticos
  que ocurren a nivel microscópico en la interacción de fotones
  con materia. Es esencial para los campos de la información,
  comunicación y criptografía cuántica.
- La metrología cuántica consiste en el estudio del uso
  de sistemas físicos con propiedades cuánticas, como el
  entrelazamiento, que permitan realizar medidas de gran
  precisión y sensibilidad. De nuevo, este campo tiene
  gran importancia para la información, comunicación y
  criptografía cuántica.
- Los relojes cuánticos miden el tiempo a partir de procesos
  microscópicos que ocurren en la naturaleza con una
  periodicidad extremadamente alta, en contraste con los
  relojes clásicos, que se basan en la periodicidad de procesos
  mecánicos mucho menos precisos.
- Los sensores cuánticos son aquellos que explotan
  propiedades cuánticas en sistemas físicos para conseguir
  alta sensibilidad y resolución. Tienen grandes aplicaciones
  en medicina.

## ¿CÓMO SE LLEGÓ A LA ERA DE LA COMPU-TACIÓN CUÁNTICA?

En 2013, cuando se informó que la NASA (National Aeronautics and Space Administration o Administración Nacional de la Aeronáutica y del Espacio) de Estados Unidos y el gigante tecnológico Google habían adquirido una computadora cuántica a la empresa canadiense D-Wave con el objetivo de crear el laboratorio Quantum Artificial Intelligence en el Centro de Investigaciones de Ames, California, muchas personas se preguntaron qué era y para qué servía. Los técnicos de la empresa explicaron que, debido a su mayor potencia y velocidad de cálculo, la computadora cuántica lograría resolver problemas que son insolubles con las computadoras convencionales y analizar datos de una forma más rápida y precisa.

En 2013, la NASA y Google
compraron una computadora
cuántica para crear el laboratorio
de inteligencia artificial cuántica.

Distintos investigadores en física e informática se sumaron entonces al debate, le bajaron los decibles a la noticia y describieron la
computación cuántica como un "bebé en pañales". No obstante,
admitieron que sería el "futuro de las computadoras personales".
Suena extraño que hayan hablado de una escala masiva similar a
la de las PC si se tiene en cuenta que en la segunda década del
siglo XXI solo poseían máquinas cuánticas las grandes corporaciones, empresas tecnológicas en desarrollo, algunas universidades y
los gobiernos que están al frente de la carrera cuántica, sobre todo
China, Estados Unidos y Japón.

25

Para comprender la importancia del anuncio de la NASA y Google, es necesario conocer al menos tres antecedentes: la primera computadora, la llegada de la informática digital y la constitución funcional del disco rígido de la PC que la gente tiene sobre su escritorio.

- *Z1*, fabricada entre 1936 y 1938 y considerada la primera computadora programable de la historia, era una enorme calculadora mecánica de 1.000 kilogramos que tardaba 10 segundos en ejecutar una simple multiplicación. Fue diseñada por el científico alemán Konrad Zuse (1910-1995) y trabajaba con un programa binario restringido que leía instrucciones en una película perforada de celuloide. Más allá de sus limitaciones, la Z1 fue la primera computadora que empleó la lógica y números de punto flotante (una forma de anotación científica usada en las computadoras con la cual pueden representarse números reales extremadamente grandes y pequeños de un modo compacto). El prototipo quedó destruido por un bombardeo a Berlín en diciembre de 1943, durante la Segunda Guerra Mundial.

- ENIAC (Electronic Numerical Integrator and Computer o Computadora e Integrador Numérico Electrónico) fue la primera computadora digital electrónica de carácter general y sus 27 toneladas ocupaban todo el sótano de un edificio. La máquina, construida entre 1943 y 1946, podía ser reprogramada para resolver una extensa clase de problemas numéricos. Inicialmente estuvo destinada a operaciones militares del Ejército de Estados Unidos, para lo cual fue construida en la sede de la Universidad de Pensilvania por los norteamericanos John Presper Eckert (1919-1995) y John William Mauchly (1907-1980). La computadora llegó a realizar 5.000 sumas y 300 multiplicaciones por segundo, gracias a sus programas de *software* y a los 140 kWh (kilovatios por hora) que consumía. Una de las particularidades de este prototipo era que 6 mujeres estaban encargadas de su programación. Entre la Z1 y la ENIAC había una gran diferencia, un cambio rotundo que significó el pasaje de un sistema electrónico analógico, que emitía señales lentas que variaban suave y continuamente, a un sistema electrónico digital, con señales totalmente controladas.

- Las PC, al igual que las *notebooks*, las *tablets* o los teléfonos inteligentes, utilizan como unidad mínima de información el bit, que puede tener solo dos valores: 0 (cero) y 1 (uno). Esto significa que los *softwares* (programas informáticos) y las *apps* (aplicaciones informáticas diseñadas para ser ejecutadas en teléfonos inteligentes y otros dispositivos móviles) están codificados en un lenguaje binario de ceros y unos. Por eso, cada vez que actuamos en cualquiera de estos dispositivos, por ejemplo, una pieza del teclado de la PC o un botón del teléfono, se producen, se modifican y se destruyen cadenas de ceros y unos dentro del disco rígido. Son operaciones que nosotros no vemos, pero que les interesan a los ingenieros informáticos.

**27**

Físicamente, esos ceros y unos se almacenan en una computadorea clásica por medio de capacitores, en lo que se conoce como DRAM. Cuando el capacitor está descargado equivale al estado 0. Pero si hay carga en el capacitor se asocia al estado 1. Para explicarlo de una forma más didáctica, imaginemos que los bits 0 y 1 son pequeñas cajas una al lado de la otra: la caja vacía es un bit 0 y la caja ocupada es un bit 1.

*Las PC, al igual que las* notebooks, *las* tablets *o los teléfonos inteligentes, utilizan como unidad mínima de información el bit, que puede tener solo dos valores: 0 (cero) y 1 (uno).*

ENIAC ocupaba 167 m² y operaba con 17.468 válvulas electrónicas.

## 100.000 MILLONES DE ÁTOMOS Y DOS ESTADOS POSIBLES

Juan Pablo Paz (1959-), físico argentino que se especializa en computación cuántica, puso en contexto el funcionamiento de una PC para que entendamos de dónde parte la informática cuántica:"Las computadoras ordinarias son dispositivos que sirven para almacenar y procesar información, que se representa en el estado de un objeto material en código binario (secuencias de ceros y unos)". El profesor titular de la Universidad de Buenos Aires e investigador del Consejo Nacional de Investigaciones Científicas y Técnicas (Conicet) de la Argentina, indicó que "en el disco rígido de la computadora, el material magnético, que con una lupa se ve como granitos de pequeños imanes de heladera, tiene por convención un polo norte y un polo sur. Si apunta hacia arriba (norte), es un 0; hacia abajo, un 1. Esos estados binarios son los bits. Pero esos granitos magnéticos son grandes desde el punto de vista de los átomos: tienen 100.000 millones de átomos y solo dos estados posibles".

A partir de las precursoras Z1 y ENIAC, ¿quién hubiera pensado que una máquina no mucho más grande que un libro con encuadernación de lujo podría estar sobre un escritorio o ser transportada por las personas sin la ayuda de un camión? Cuando se crearon las primeras computadoras, nadie imaginaba que serían utilizadas diariamente por la gente pues no había ninguna necesidad. Con el correr del tiempo, surgieron programaciones de *software*, nuevas posibilidades de uso y pasaron a cubrir más necesidades básicas de lo que se esperaba en un principio. Hasta aquí hicimos un repaso acerca de la computación digital, pero ¿qué características tiene la computación cuántica?

30

## EL SALTO CUÁNTICO: EL *QUBIT* REEMPLAZA AL BIT

Como ya dijimos, el *qubit* es la unidad mínima de información de una computadora cuántica y reemplaza en este nuevo paradigma informático al bit. Esta unidad básica de computación digital entrega resultados binarios, es decir cadenas de ceros y unos por cada una de las operaciones que se efectúen. Al igual que los bits, los *qubits* se pueden encontrar en un estado definido como 0 (o nivel bajo) y un estado llamado 1 (o nivel alto). La gran

Ilustración en 3D de la superposición cuántica de los *qubits*, representados como esferas.

diferencia que tienen con las unidades de computación digital es que los *qubits* logran estar también en cualquiera de los estados intermedios entre 0 y 1. Es decir, en infinitas posiciones. Este fenómeno se conoce como superposición cuántica y es natural en sistemas cuánticos.

La superposición le permite a un conjunto de *qubits* explorar muchas instancias del cómputo simultáneamente, algo que los técnicos en computación consideran paralelismo cuántico. Es que esa unidad de información tiene la capacidad de recorrer distintos caminos al mismo tiempo para alcanzar una sola meta. Además, los *qubits* de una computadora cuántica están vinculados entre sí mediante entrelazamiento, aunque estén separados.

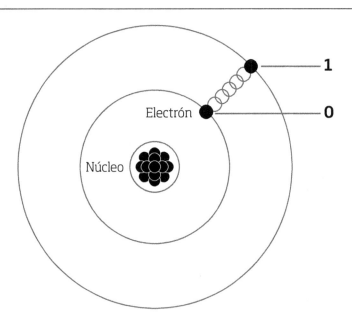

Si queremos que un átomo se comporte como un qubit es necesario reducir la energía del electrón para que permanezca en las dos órbitas más cercanas al núcleo. Si enfriamos el sistema a temperaturas extredamente bajas, encontraremos al electrón en el estado 0 o en el estado 1. Cuando el electrón recibe energía, pasa del estado 0 al estado 1, mientras que si cede energía recorre el camino inverso. Pero, ¿qué ocurre si la energía entregada no es suficiente para que pase del estado 0 al 1? El electrón se encontrará en un estado intermedio o superposición de los estados 0 y 1.

## CÓMO FUNCIONA UNA COMPUTADORA CUÁNTICA

Debido a esta característica intrínseca del *qubit*, los ingenieros concluyen que la unidad de información cuántica consigue resolver una mayor cantidad de operaciones y realizar una gran cantidad de combinaciones de cómputo en forma simultánea.

Los expertos en computación creen necesario desarrollar algoritmos específicos (grupos de operaciones organizadas de manera lógica como serie de instrucciones que permiten solucionar un problema o arribar a un resultado específico) que puedan ser corridos en computadoras cuánticas. De hecho, no existe una gran cantidad de problemas que se puedan resolver más rápidamente en una computadora cuántica. Pero los que existen son muy importantes.

Un error común es pensar que la computación cuántica se basa en realizar lo mismo que la computación digital pero mucho más rápido. No es tan así, ya que los algoritmos cuánticos permiten realizar ciertas operaciones de forma diferente, en algunos casos más eficientemente que los algoritmos digitales; es decir, utilizan menos tiempo y menores recursos de la máquina. Solo en algunos casos, explican los investigadores, son exponencialmente más poderosos y efectivos.

*33*

El primer gran paso de la computación cuántica fue dado a partir del diseño del *qubit* para almacenar, procesar y transmitir datos. Pero para alcanzar los desafíos que se propusieron los investigadores, el salto cualitativo más próximo será lograr la manipulación de una mayor cantidad de *qubits* y diseñar computadoras maniobrables. Por el momento, solo hay prototipos de laboratorio de un tamaño comparable al de la vieja ENIAC de Eckert y Mauchly.

# LA INFORMACIÓN CUÁNTICA

Cada vez que accedemos a internet o realizamos una llamada telefónica generamos datos que viajan por dos canales principales:

- Por la red de fibra óptica que recorre el planeta.
- Por la red de telecomunicaciones inalámbrica que utiliza diferentes satélites.

La información viaja a través de todo el planeta, ya sea mediante la red de fibra óptica o la red de telecomunicaciones inalámbricas.

Para que estos datos se puedan transferir, los dispositivos electrónicos disponen de tarjetas de red que se encargan de generar señales tanto analógicas como digitales que viajan siguiendo protocolos estandarizados.

Si bien la transmisión de los datos debe ser eficiente y segura, también debe serlo su almacenamiento en discos rígidos (internos o externos) o en la nube. La criptografía y la autenticación son dos métodos utilizados para que ambos procedimientos se lleven adelante en forma satisfactoria.

La criptografía consite en el cifrado de información de manera tal que solo las personas autorizadas puedan acceder a su contenido. Para ello, se aplican protocolos de encriptación. Esto sucede, por ejemplo, cuando accedemos a una página web: la información viaja cifrada para que, si alguien intercepta las señales que contienen dicha información, no pueda acceder a su contenido.

Por otra parte, la autenticación nos permite saber con quién nos estamos comunicando y es imprescindible para que el cifrado pueda tener éxito, ya que, si recibimos un mensaje cifrado pero no podemos verificar su procedencia, este puede haber sido enviado o modificado por un tercero.

## LA TELEPORTACIÓN DE INFORMACIÓN

Científicos chinos demostraron en 2017 que se pueden teleportar fotones desde la Tierra hasta un satélite suspendido en el espacio. El experimento expuso que el entrelazamiento cuántico funciona incluso a 1.400 kilómetros de distancia, lo que constituye un paso muy importante para el campo de las comunicaciones. En esta prueba de laboratorio, los investigadores usaron una estación científica ubicada en la cordillera del Himalaya, a 4.000 metros sobre el nivel del mar, para minimizar las interferencias atmosféricas.

La prueba se realizó de la siguiente manera: primero, cada uno de los fotones utilizados en el experimento fue entrelazado con otro en la Tierra. Luego, los fotones entrelazados fueron separados. Finalmente, uno de ellos fue enviado al satélite. De las 4.000 parejas de fotones entrelazadas, 911 consiguieron resultados positivos. Aunque parece un resultado modesto, es un avance significativo, ya que el entrelazamiento cuántico es muy frágil debido a las interferencias de la atmósfera terrestre.

No es fácil cumplir esta operación, ya que la unión de las partículas se pierde a medida que son transmitidas, como vimos en el caso de los drones. La forma de superar esta limitación es con el uso de satélites, como hicieron los científicos chinos. Para este experimento, los ingenieros usaron el satélite *Micius* (lanzado en 2016), un receptor de fotones sensible capaz de detectar los estados cuánticos individuales emitidos desde la Tierra.

La teleportación está basada en la propiedad de entrelazamiento cuántico. Cuando utilizan esta propiedad microscópica, los fotones comparten la misma existencia aun a la distancia, y se facilita el proceso en el cual se transmite información cuántica de una posición a otra suficientemente alejada mediante un canal clásico.

## UN EJEMPLO CONCRETO
## DE COMPUTACIÓN CUÁNTICA

El físico español Marcos Allende López, consultor del Departamento de Tecnologías de la Información del Banco Interamericano de Desarrollo (BID), explicó con un ejemplo las bondades de la computación cuántica: "Imaginemos que estamos en Bogotá (Colombia) y queremos saber cuál es la mejor ruta para llegar a Lima (Perú) de entre un millón de opciones (N=1.000.000). De cara a poder utilizar computadoras para encontrar el camino óptimo, necesitamos digitalizar 1.000.000 de opciones, lo que implica traducirlas a lenguaje de bits para el computador clásico y a *qubits* para la computadora cuántica. Mientras que una computadora clásica necesitaría ir uno por uno analizando todos los caminos hasta encontrar el deseado, una computadora cuántica se aprovecha del proceso conocido como paralelismo cuántico que le permite considerar todos los caminos a la vez".

Desde el punto de vista matemático, esto implica que la computadora clásica necesita que le ordenen el procesamiento con la fórmula N/2 (las opciones dividido 2), es decir que hará 500.000 intentos hasta encontrar el mejor camino, mientras que la computadora cuántica hallará la ruta con $\sqrt{N}$ (la raíz cuadrada de las opciones), o sea, apenas 1.000 intentos. En el ejemplo, la ventaja es cuadrática, pero en algunos casos también puede ser exponencial, de acuerdo con la cantidad de *qubits* usada.

Allende López dijo que es algo normal analizar en el campo de la información cuántica que con "unos 270 *qubits* se podrían tener más estados base en una computadora cuántica (más cadenas de caracteres diferentes y simultáneos) que el número de átomos en el universo, que se estima en torno a $2^{80}$".

37

# CÓMO SE VERÁN AFECTADAS LAS TECNOLOGÍA EXISTENTES

## Un saber que abarca muchos campos

Aunque algunos supongan que la revolución informática que se viene ocurrirá solo en las grandes potencias industriales, los cambios de paradigma científico alcanzarán, tarde o temprano, a todo el mundo. Por eso, distintas industrias tecnológicas ya analizan cómo se verán afectadas y qué soluciones deberán tomar para acompañar el desarrollo de la computación cuántica.

## EL FUTURO YA ESTÁ AQUÍ

Al escritor estadounidense William Gibson (1948-), considerado el pionero del género literario *cyberpunk*, se le adjudica una frase que es citada en varios foros y artículos de divulgación científica: "El futuro ya está aquí, solo que no está repartido equitativamente". El avance tecnológico –y por ende, el económico– nunca es distributivo: las grandes potencias siempre sacan ventaja a los países en vías de desarrollo y a los subdesarrollados porque pueden invertir más dinero en innovaciones.

No obstante, existe un mito relacionado con este tema, ya que muchas personas suponen que si está en marcha una transformación informática de grandes proporciones, esa revolución ocurre en otras partes del mundo. En realidad, cuando suceden cambios de paradigma científico, estos nos alcanzan a todos tarde o temprano, aunque no los veamos desarrollarse o no les prestemos atención hasta que los tengamos que enfrentar.

La comprensión de la naturaleza microscópica por medio

40

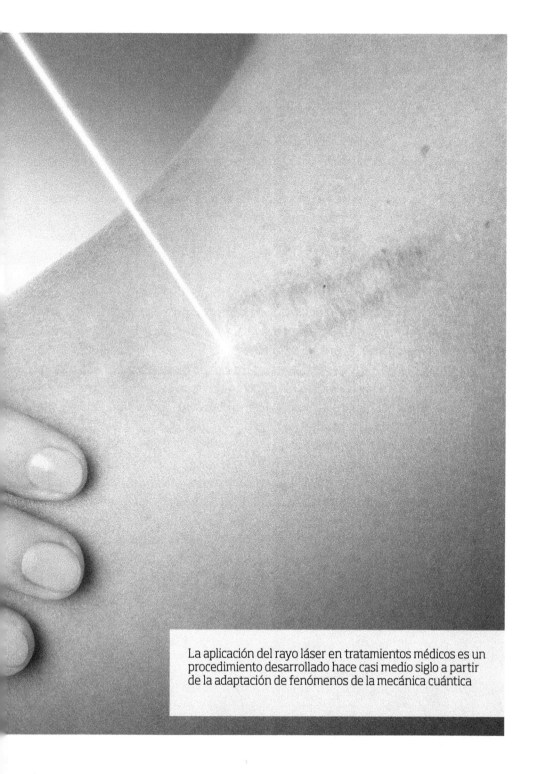

La aplicación del rayo láser en tratamientos médicos es un procedimiento desarrollado hace casi medio siglo a partir de la adaptación de fenómenos de la mecánica cuántica

de la física cuántica les permitió a los científicos diseñar técnicas que mejoraron la vida de las personas a lo largo y a lo ancho del planeta. Sin ir más lejos, el rayo láser y el diagnóstico por imágenes mediante resonancia magnética son dos procedimientos desarrollados hace casi medio siglo a partir de la adaptación de fenómenos de la mecánica cuántica. Basados en estos dos antecedentes, los investigadores aguardan que el progreso de las tecnologías cuánticas produzcan una evolución significativa en una cantidad importante de áreas, como la programación de *software*, la ciberseguridad, el almacenamiento y la transmisión de datos, la óptica, la meteorología y la metrología, o sea, la ciencia que estudia la medición precisa de magnitudes físicas.

Algunas tecnologías emergentes están probando la computación cuántica para ampliar sus posibilidades de progreso; otras ya instaladas en el mercado estudian cómo se verán afectadas y qué soluciones deberán tomar para acompañar la evolución que se viene. La computación cuántica amenazará la autenticación, el intercambio y el almacenamiento seguro de datos, y tendrá un impacto mayor en aquellas tecnologías en las que la criptografía tiene un rol más relevante, como ciberseguridad o *blockchain*, y un impacto negativo menor pero también a considerar en tecnologías como 5G, IoT o drones.

De todos modos, los campos que están en una etapa inicial o media de su progreso se enfrentan con un problema: la escasez de desarrolladores, programadores y técnicos en tecnología cuántica para producir una convergencia entre ellos. Los expertos estiman que el potencial disruptivo de la computación cuántica se conocerá recién cuando este tipo de tecnologías confluya bajo los nuevos y más potentes algoritmos cuánticos.

*Los científicos consideran que una variada gama de tecnologías, que actualmente están en desarrollo, darán un salto cualitativo cuando todas ellas estén vinculadas a través de las tecnologías cuánticas.*

## UNA UTOPÍA PARA TENER EN CUENTA

Uno de los mitos que hay que desterrar es que las computadoras digitales clásicas desaparecerán y las personas tendrán sobre sus escritorios computadoras cuánticas. Esto no sucederá, al menos no en un futuro próximo. En principio, porque ambos sistemas son compatibles. De hecho, los resultados de las pruebas de laboratorio sobre computadoras cuánticas son leídos, muchas veces, en programas digitales. Y luego, porque las computadoras cuánticas son enormes y extremadamente costosas. Por ahora, habrá que conformarse con los prototipos de investigación de las grandes corporaciones y los laboratorios universitarios.

Los físicos y los ingenieros que trabajan en el tema tienen la esperanza de que la computación cuántica tenga el potencial de aumentar las capacidades de las computadoras de alto rendimiento, pero no se proponen fabricar PC o *notebooks*. Es preciso entender que se necesitarán muchos ensayos para diseñar, modelar, construir y operar sistemas cuánticos. Juan Pablo Paz, el físico argentino ya citado, consideró que en la vida cotidiana "no vamos a percibir grandes cambios gracias a la computación cuántica porque este tipo de equipos se utilizan para tareas muy específicas de investigación. La gente no va a tener una computadora ni celulares cuánticos en sus casas".

# CRIPTOGRAFÍA: LA CIBERSEGURIDAD EN PELIGRO

Los científicos consideran que una variada gama de tecnologías, que actualmente están en desarrollo, darán un salto cualitativo cuando todas ellas estén vinculadas a través de la computación cuántica. No obstante, también vaticinan algunos inconvenientes que acechan como un efecto colateral del progreso. Por caso, estiman que los protocolos de ciberseguridad deberán ser reconfigurados, ya que aquellas plataformas que utilizan criptografía clásica (disciplina que transforma datos claros en cifras para restringir el acceso a la información) corren el peligro cierto de ser descifradas. Por ejemplo, el método de encriptación de información sensible, llamado RSA (Rivest, Shamir y Adleman), es un sistema de clave pública desarrollado en 1979, válido tanto para cifrar como para firmar digitalmente. La seguridad de este algoritmo radica en la dificultad de las computadoras clásicas para factorizar números enteros de muchos bits. Muchos piensan que RSA será seguro mientras no se conozcan formas rápidas de descomponer un

La empresa IBM mostró en una exposición el procesador de una de sus computadoras cuánticas, lo que da una idea de su tamaño.

número grande en producto de primos. La amenaza es que, para una computadora cuántica, realizar este cálculo ya no es una tarea difícil, de manera que pondría en riesgo la mayoría de las comunicaciones. De esta manera, las claves de encriptación clásicas serían desentrañadas en pocos minutos por un buen programa con algoritmos cuánticos, según advierten los expertos. Entonces, quedarían amenazadas las operaciones de autentificación y las claves serían objeto de espionaje o robo de identidad. Por eso, muchas compañías, entre las que se encuentran los bancos, empezaron a utilizar identificadores de huellas dactilares o del iris humano. Para explicarlo con un ejemplo claro, el *password* que utilizamos diariamente para el intercambio y el almacenamiento seguro de datos en el correo electrónico o en las redes sociales sería desencriptado fácilmente por más sofisticado que fuere.

Las criptografías digitales más
seguras utilizan, además de claves,
un identificador de huellas dactilares
o del iris humano.

## LAS CRIPTOGRAFÍAS DIGITALES

Los técnicos que se especializan en claves digitales dicen que hay dos tipos de criptografías: la simétrica y la asimétrica. La simétrica usa la misma clave para cifrar y descifrar datos, mientras que en la asimétrica (también denominada "de clave pública") se generan dos claves: una pública compartida para el cifrado y una privada para el descifrado. Por ejemplo, solo nosotros sabemos qué clave debemos usar para ingresar a nuestra cuenta (privada) en la plataforma (pública) digital del banco con que operamos.

Los dos esquemas criptográficos son aplicados cuando se navega por internet. El simétrico es mucho más rápido y se utiliza para la comunicación y la información. El asimétrico se usa para intercambiar claves seguras y autentificar firmas digitales. Si visitamos un sitio web que usa protocolos HTTP (protocolos destinados a la transferencia segura de datos de hipertexto), el navegador que empleamos autentifica el certificado del sitio como seguro o, en algún caso, bloquea el acceso porque el sitio es inseguro, a través de un cifrado de clave pública.

47

En lo inmediato, el problema no genera una gran preocupación entre la comunidad científica porque los decodificadores cuánticos no fueron desarrollados por ahora. Los usuarios de sitios web con clave pueden quedarse tranquilos: no hay *hackers* que posean computadoras cuánticas y los prototipos de investigación de las corporaciones tecnológicas no son aún lo suficientemente potentes como para develar una criptografía.

## DUDAS QUE SE GENERAN EN EL *BLOCKCHAIN*

El *blockchain* es una estructura de datos en la que la información guardada se agrupa en conjuntos relacionados o "cadenas de bloques", como lo indica su nombre en inglés. Estos grupos tienen, en general, metainformación (datos de una página de internet que están relacionados con la propia página y que los usuarios no ven)

Concepto de una red de *blockchain*:
se agrupa la información en
conjuntos relacionados en bloque y
se la vincula con una computadora.

vinculada a conjuntos anteriores en una línea temporal descendente. De esta manera, la información encriptada en uno de los bloques solo puede ser editada si se modifican todos los bloques. El *blockchain* es el sistema que utilizan las criptomonedas o criptodivisas, como la popular bitcoin. Una criptomoneda es un medio digital de intercambio de divisas que utiliza la criptografía para asegurar sus transacciones, controlar la creación de monedas y verificar la transferencia de activos. Cuando Satoshi Nakamoto (1975-), nombre artístico del creador o grupo de creadores de la popular criptomoneda, publicó el *Libro Blanco de Bitcoin* (2008), difundió la tecnología de la plataforma en código abierto (libre de ser usado) con el objetivo de que otras empresas o servicios desarrollaran *softwares* similares.

48

Así se popularizó como método de pago punto a punto respaldado por una red de procesamiento descentralizada. Otras empresas, en tanto, descubrieron que esa misma tecnología podía ser usada para crear aplicaciones. Por ejemplo, la compañía Ethereum desarrolló contratos inteligentes digitales. Y, en los últimos tiempos, se comenzó a usar *blockchain* para amplificar la llamada internet de las cosas.

El desarrollo de la computación cuántica planteó un problema grave para esta tecnología relativamente novedosa. Como el poder de cálculo de las nuevas computadoras superaría cualquier método de cifrado tradicional, las plataformas como bitcoin podrían estar en peligro de decodificación y robo de identidad. Es decir, una persona no autorizada conseguiría realizar operaciones de intercambio desde la cuenta de un usuario.

A pesar de que en la actualidad las computadoras cuánticas no son demasiado potentes como para descifrar claves, hay motivos para alarmarse: el hecho de que la tasa de avance de la tecnología cuántica esté aumentando supone una amenaza próxima si los expertos no logran conseguir encriptados cuánticos.

## LOS ENCRIPTADOS

Las redes *blockchain* se apoyan en dos algoritmos. El de firma digital de curva elíptica (Elliptic Curve Digital Signature Algorithm o ECDSA) y el Algoritmo de Hash Seguro (Secure Hash Algorithm o SHA-256 ), una familia de funciones *hash* (criptografías que cifran una entrada) publicada por el Instituto Nacional de Normas y Tecnología de Estados Unidos en 1993.

Una computadora cuántica podría usar el Algoritmo de Shor (por el matemático Peter Shor, nacido en 1959), un algoritmo que factoriza números que se obtienen a partir del producto de dos números primos (base del protocolo criptográfico de clave pública RSA). De esta forma, lograría descifrar una clave privada a partir de la clave pública, según los científicos. Sin embargo, las computadoras cuánticas experimentales de la actualidad no tienen suficiente potencia para realizar eso.

Dragos Ilie, investigador en computación cuántica y cifrado del Imperial College of London, sostuvo al respecto que la supercomputadora de Google tiene 53 *qubits*, lo que determina que aún es poco potente. "Un sistema capaz de tener algún tipo de efecto sobre la plataforma de bitcoin o la mayoría de los sistemas financieros necesitaría disponer de una capacidad de 1.500 *qubits* todos entrelazados".

IoT, una tecnología futurista que pone a disposición de un clic datos, servicios, asistencia sanitaria y transporte.

## LA INTERCONEXIÓN DE LOS OBJETOS QUE USAMOS

Acabamos de ver cómo se verán afectadas dos tecnologías a partir del desarrollo de la información cuántica y de su poder de desciframiento de datos encriptados. En contraste, analizaremos ahora un procedimiento técnico que requiere imperiosamente que la computación cuántica se amplifique y lo auxilie pronto: el denominado IoT o internet de las cosas.

IoT es un concepto novedoso que se aplica a la interconexión digital de los objetos de uso cotidiano a través de internet. La idea fue acuñada en 1999 por Kevin Ashton (1968-), un pionero de la tecnología británica que cofundó el grupo de investigación de radiofrecuencia en red y tecnologías de sensores del Massachusetts Institute of Technology (MIT). Esta técnica supone un cambio radical en la calidad de vida de las personas, ya que ofrece oportunidades de acceso a datos, servicios, educación, seguridad, asistencia sanitaria y transporte, entre otros campos.

*Existen alrededor de 30.000 millones de dispositivos inalámbricos conectados por wi fi. Con aplicaciones modernas de internet se conseguiría identificarlos, ya que el sistema es capaz de hacerlo instantáneamente por medio de un código.*

Uno de los ejemplos clásicos que dan los investigadores para medir su uso es que si los libros, los refrigeradores, las lámparas, los botiquines, las autopartes y otras cosas que consumimos estuvieran conectados a internet y equipados con servicios de identificación, no existirían artículos fuera de *stock* o medicinas caducas porque sabríamos exactamente la ubicación y el modo en que se consume en el mundo. También se conocería qué electrodomésticos están encendidos y cuáles están apagados en tiempo real, para regular el empleo de energía.

Las empresas que investigan este campo de aplicación estiman que hay unos 26.000 millones de dispositivos con un sistema de conexión a internet de las cosas. Asimismo, hay unos 30.000 millones de dispositivos inalámbricos conectados por wi fi (*wireless fidelity* o fidelidad sin cables). Con aplicaciones modernas de internet se conseguiría identificar todos esos objetos, ya que el sistema es capaz de hacerlo instantáneamente por medio de un código. Incluso, están bajo análisis alternativas de conexión que necesitan menos energía y, por ende, son más económicas, como el llamado *Chirp Networks*, una nueva tecnología más barata que el wi fi o el *bluetooth*.

Sin embargo, esta conexión de objetos no logra concretarse en la magnitud deseada debido a que la cantidad de "cosas" que conectamos a la web aumenta exponencialmente año tras año. Con miras al futuro, los investigadores que se especializan en IoT suponen que la solución estará en la computación cuántica, la inteligencia artificial y el procesamiento de *big data* (o macrodatos), un término que hace referencia a conjuntos de datos tan grandes y complejos que se necesitan aplicaciones no tradicionales para su procesamiento adecuado. Con "no tradicionales" se refieren a un paradigma que supere el digital.

52

La solución es "poder optimizar matemáticamente ciertas funciones con una cantidad enorme de datos", dijo John Martinis (1958-), director del laboratorio de computación cuántica de la empresa Google. Al respecto, explicó que con la computación cuántica "se quiere explorar una cantidad mayor de parámetros con los que afrontar este tipo de problemas de una manera más eficiente".

La aplicación de computadoras y algoritmos cuánticos podría ampliar las posibilidades de conectar dispositivos a la internet de las cosas porque, en teoría, los procesaría de manera más rápida y eficiente que las computadoras clásicas.

## LA TECNOLOGÍA 5G: CIEN VECES MÁS RÁPIDA QUE LAS TECNOLOGÍAS ACTUALES

Como muchas personas saben, 5G es la sigla que utilizan las empresas de telecomunicaciones para referirse a la tecnología de quinta generación que se incorpora a los teléfonos y a las redes de internet móvil más nuevos. Hasta 2019, había disponible una versión de prueba estandarizada porque las compañías seguían instalando redes a lo largo del mundo y, al mismo tiempo, investigando sus posibilidades de desarrollo. *53*

La Unión Internacional de Telecomunicación (UIT), que depende de Naciones Unidas, reveló las características técnicas estándar de la 5G: una de sus principales virtudes es que permite navegar por la web a una velocidad de 1.2 gigabits por segundo. En tanto, la velocidad mínima de descarga es de 20 gigabits por segundo y la velocidad de subida es de 10 gigabits por segundo. Pero aún más importantes son sus posibilidades en la disminución de la latencia, el tiempo que demora en transferirse un paquete de datos dentro de la red, es decir, el tiempo que demora una acción desde que alguien hace clic hasta que se concreta. Este tipo de tecnología promete reducir la latencia entre 1 y 2 milisegundos, lo que supone una acción casi instantánea.

Las propias empresas vaticinan que esta tecnología estará en funcionamiento en todo el planeta recién en 2025.

## LOS DRONES CUÁNTICOS

En junio de 2019, China anunció que ingenieros de la Universidad de Nanjing fabricaron un dron cuántico, capaz de enviar y recibir fotones entrelazados y controlados en pleno vuelo durante 40 minutos, a 100 metros de altitud. De acuerdo con los expertos, se trata de un tipo de dron que podría formar una red de comunicaciones cuántica.

En este experimento, el dron, de 35 kilogramos de peso, estuvo operativo y mantuvo dos conexiones de aire a tierra durante más de media hora, lo que demuestra que el prototipo recibe y transmite fotones entrelazados. Esta última es una tarea difícil de cumplir

Las altas velocidades de descarga de datos y la reducción de la latencia producto de la tecnología 5G supondría una revolución en el uso de internet, especialmente en el desarrollo de aplicaciones móviles y en la internet de las cosas.

## DURAS CRÍTICAS A LA TECNOLOGÍA 5G

Mary O'Neill, vicepresidente de *software* de Nokia, la empresa multinacional con sede en Finlandia, advirtió que "priorizar la velocidad (de los teléfonos) sobre la seguridad podría conducir a problemas en el futuro", en sus críticas a la nueva generación tecnológica de móviles.

Por su parte, la Comisión Europea (CE) sostuvo que con la aplicación de la tecnología 5G los riesgos aumentarán porque esta depende de *software* de generaciones anteriores. De todos modos, sus bondades y sus problemas están por verse, dado que se halla en desarrollo.

porque la unión de las partículas se va perdiendo paulatinamente a medida que son transmitidas por fibras ópticas o en espacios abiertos, explicaron los físicos que trabajan en el proyecto.

*55*

Una forma de superar esta limitación de funcionamiento de las partículas cuánticas es usar satélites capaces de emitir y recibir fotones entrelazados, pero por el momento solo pueden intervenir durante cortos períodos debido a los movimientos orbitales que realizan alrededor de la Tierra. Además, esa clase de satélites es extremadamente cara.

Los drones cuánticos podrían cumplir una tarea significativa en la creación de redes locales de comunicación para necesidades puntuales. Al respecto, los investigadores de la Universidad de Nanjing trabajan para que el dron pueda operar a mayor altura y, de esta forma, cubrir una mayor cantidad de kilómetros sin recurrir a satélites.

El físico cuántico ruso Dmytro Vasylyev (1962-), de la Universidad alemana de Rostock, sostuvo a la revista *IEEE Spectrum*, editada por el Instituto de Ingenieros Eléctricos y Electrónicos internacional, que esta tecnología "tiene sus limitaciones" como consecuencia de volar en la atmósfera inferior, "donde la turbulencia es intensa y puede degradar las señales del dron". Además, los drones podrían confundir los fotones del medio ambiente con

El satélite cuántico chino participó en las pruebas de drones, capaces de recibir y transmitir fotones entrelazados.

los fotones que trasladan la información, lo que provocaría interferencias en la comunicación cuántica.

Sin embargo, el científico destacó que este modelo de dron podría convertirse en un futuro próximo en una alternativa de bajo costo a las redes de fibra óptica, que limita la distancia y la velocidad de transmisión de datos.

## NUEVAS TESIS SOBRE APRENDIZAJE AUTOMÁTICO E INTELIGENCIA ARTIFICIAL

Los artefactos autónomos y los robots despiertan desconfianza en el imaginario colectivo porque se cree que no son controlados directamente por un ser humano y que tienen vida independiente. Es un concepto erróneo. El denominado aprendizaje automático o aprendizaje de las máquinas es un subcampo de las ciencias informáticas y una rama de la inteligencia artificial cuyo objetivo es desarrollar tecnologías que permitan que los autómatas y las computadoras aprendan a realizar tareas a partir de programaciones humanas.

El sintagma "inteligencia artificial" es un concepto acuñado en 1956 por el célebre informático estadounidense John McCarthy (1927-2011) y no describe a una máquina que piensa por sí misma, sino a la ciencia que se ocupa de fabricar máquinas con programaciones que las facultan para percibir su entorno y llevar a cabo acciones.

El progreso de las computadoras cuánticas, según estiman los expertos, podría mejorar notablemente el aprendizaje automático y, por ende, la industria de la inteligencia artificial porque, al tener mayor potencia y velocidad, las máquinas podrían responder a más estímulos de programación y a cumplir tareas diferentes al mismo tiempo. Serían una especie de superoperario industrial o una computadora con conciencia como la de la película *Transcendence*.

Hasta ahora, las pruebas de laboratorio en el campo lograron algunas conquistas, como la utilización de chips cuánticos (dispositivos superconductores que conectan a los fotones) para ejecutar lo que se denomina algoritmos de agrupamiento. El agrupamiento

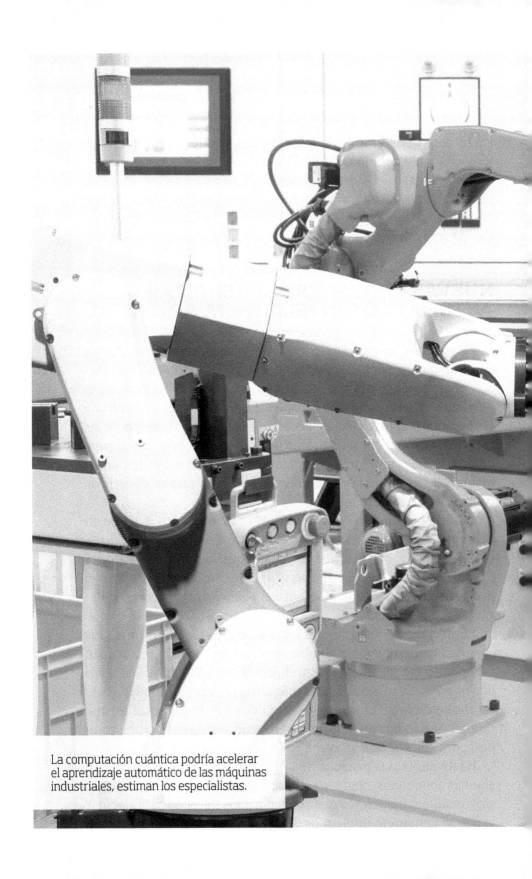

La computación cuántica podría acelerar el aprendizaje automático de las máquinas industriales, estiman los especialistas.

Hay máquinas que pueden jugar al ajedrez, pintar o escribir, pero lo hacen a partir de programaciones que se ejecutan "a la manera de...": juegan al ajedrez como Bobby Fischer, pintan como Rembrandt o escriben en el estilo de Ernest Hemingway, pero no son ellos.

es una técnica de aprendizaje automático que se utiliza para organizar datos en grupos similares, un concepto equivalente al *blockchain*. Estos conjuntos fueron en sus orígenes un problema matemático fundacional que hasta el momento no ha tenido solución. Entonces, los investigadores cuánticos consideran que la capacidad de cálculo de una computadora cuántica podría, llegado el caso, solucionar ese problema matemático.

Rigetti Computing, una empresa de Silicon Valley (área de la bahía de San Francisco, California, donde las compañías emergentes y globales de tecnología tienen su sede), desarrolla algoritmos con el objetivo de mejorar el aprendizaje automático y, por

consiguiente, la inteligencia artificial. Sin embargo, algunos científicos sospechan que este subcampo de las ciencias informáticas no avanzará demasiado por medio de la computación cuántica. El físico experimental de la Universidad de Maryland, Estados Unidos, Christopher Monroe (1965-) estimó que es "demasiado pronto para sugerir que la computación cuántica revolucionará el aprendizaje automático" porque "realmente no comprendemos cómo y por qué funciona el aprendizaje automático clásico".

El científico señaló que aplicar la cuántica a conceptos en desarrollo, como el aprendizaje automático y la inteligencia artificial, "podría enturbiar aún más un campo que ya es bastante turbio de por sí".

# DESARROLLOS PROMETEDORES A PARTIR DE LA CUÁNTICA

## El deseo de resolver problemas incomprensibles para el mundo digital

Los algoritmos y el *software* cuántico no pueden ser desarrollados en plenitud hasta que las máquinas alcancen una mayor potencia y estabilidad. Sin embargo, los investigadores trabajan en experimentos exitosos para desarrollar programas que permitan estudiar el medio ambiente, resolver problemas matemáticos o mejorar tratamientos de salud.

> La computación cuántica será
> provechosa en lo inmediato para
> realizar estudios del medio ambiente y
> nuevos materiales a partir de moléculas.

## UN UNIVERSO INFINITO POR DESCUBRIR

Desde hace más de 30 años, los físicos cuánticos y los ingenieros informáticos vienen hablando de los progresos de la computación cuántica y le adjudican un gran valor teórico. Sin embargo, sus aplicaciones reales son todavía un misterio, incluso para muchos científicos, porque los algoritmos y los *softwares* cuánticos no pueden ser perfeccionados para funcionar hasta que las máquinas alcancen una mayor potencia y estabilidad, algo que recién se logró parcialmente en 2019. Por eso, la pregunta que muchas personas se hacen es ¿para qué servirá en lo inmediato este nuevo paradigma informático?

En principio, los expertos estiman que la computación cuántica será empleada por ahora, con mucho provecho, para el estudio del medio ambiente, las matemáticas, las finanzas, la construcción de nuevos materiales a partir de moléculas cuánticas y la salud. Y una vez que esté desarrollada en plenitud, quedará integrada como una gran base científica a una enorme cantidad de tecnologías ya aplicadas en la actualidad.

El ingeniero chileno Juan Pablo Soto, embajador de computación cuántica de IBM Sudamérica, explicó que "los avances

64

El diagnóstico por imágenes ya utiliza
técnicas cuánticas para detectar
enfermedades, por ejemplo, el cáncer.

podrían abrir la puerta a futuros descubrimientos científicos como nuevos medicamentos y materiales, mejoras en las cadenas de suministros y nuevas formas de modelar datos financieros para realizar mejores inversiones".

Las ciencias y tecnologías recién mencionadas presentan algunos problemas que no pueden ser determinados con la informática digital en un tiempo de escala humana. Por caso, hay problemas matemáticos cuya ejecución y resolución en una computadora digital demorarían días, meses o años, según los especialistas. Debido a esto, el uso de algoritmos cuánticos es imperioso para acelerar exponencialmente los procesos y acercar soluciones a los investigadores.

Como la computación cuántica opera con la superposición y el entrelazamiento de sus unidades de información, los *qubits*, los programadores creen que con un solo algoritmo se desplegarán sistemas complejos que, por ejemplo, transcriban conversaciones orales, identifiquen objetos o conviertan esos objetos en imágenes. De la misma forma, esos algoritmos lograrían traducir cualquier tipo de lengua, por lo cual serían utilizados en la decodificación de las criptografías conocidas hasta el momento o de lenguas muertas, como los dialectos de griego antiguo o los idiomas originarios de Asia menor.

En el campo de la informática, los progresos cuánticos llevan a diseñar buscadores y navegadores mucho más complejos y rápidos que los digitales, lo que constituye una *big data* de informaciones útiles para el desarrollo humano y científico. Un equipo técnico de la gigante tecnológica Google trabaja en la mejora de ese buscador y de su navegador Chrome para volverlos más seguros.

Además, los científicos esperan lograr soluciones a problemas químicos y médicos, por caso, el hallazgo de nuevas estructuras moleculares complejas a partir de las cuales se iniciarían tratamientos cada vez más específicos para la salud. Si bien la

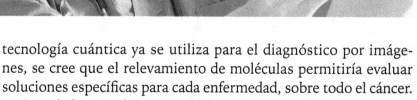

tecnología cuántica ya se utiliza para el diagnóstico por imágenes, se cree que el relevamiento de moléculas permitiría evaluar soluciones específicas para cada enfermedad, sobre todo el cáncer.

Con el objetivo de que estas ideas se vayan desarrollando, aunque sea a escala de laboratorio, la empresa IBM puso a disposición de los investigadores una de sus computadoras a través de internet. De esta manera, la compañía se asegura de que ingenieros, programadores y otros científicos prueben la máquina y sugieran mejoras o reformas frente a las fallas que pudiera tener.

La iniciativa de IBM de abrir a la comunidad científica uno de estos equipos en internet es un brillante movimiento publicitario de visibilidad, que no solo beneficia a la empresa sino también a la comunidad que estudia la computación cuántica. De este modo, los especialistas pueden ahora trabajar con computadoras capaces de resolver problemas que tardarían demasiado en ser descifrados por computadoras digitales.

La empresa IBM puso a disposición de la comunidad científica un chip procesador cuántico para desarrollar sus investigaciones.

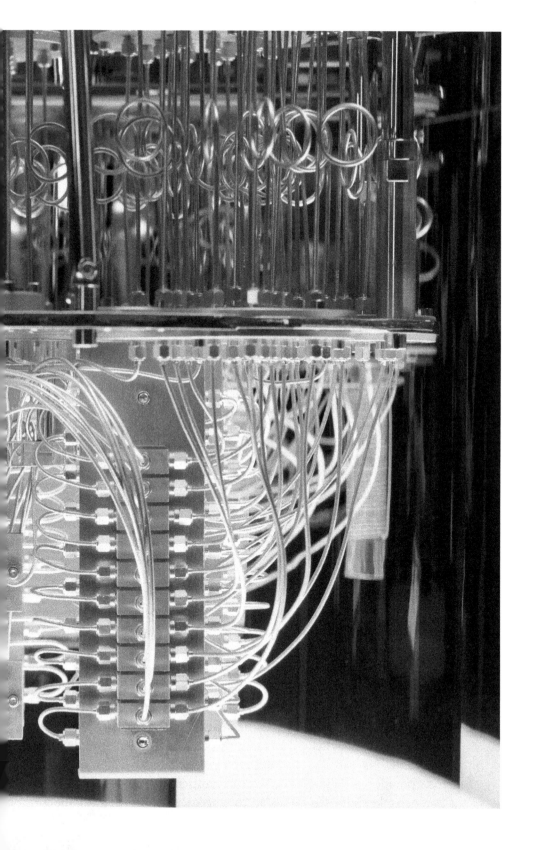

La computación cuántica sería de gran utilidad para los operadores financieros como los de Wall Street debido a que tendrían capacidad de cálculo y controles en tiempo real. Difícilmente se podrían realizar fraudes con esta tecnología.

## VENTAJAS DE SU APLICACIÓN EN EL COMERCIO Y LAS FINANZAS

Una computadora cuántica puede realizar múltiples combinaciones matemáticas a la vez, por lo que se espera que permita resolver problemas lógicos, económicos y financieros de manera más eficiente y rápida que las máquinas digitales clásicas. Mencionaremos algunos desarrollos prometedores que se están investigando para aplicar en las siguientes áreas.

### ÁREA DE LOGÍSTICA

Expertos en computación cuántica lograron desarrollar en tiempo real un *planograma*, que es una representación gráfica del acomodo de productos en un comercio, una góndola, un expositor o un depósito de almacenamiento. Esta tecnología es también usada, de manera experimental, para gestionar flotas de distribución de productos con la sistematización racional de las rutas no solo dentro de una ciudad, sino también a nivel regional o global. Una manera de ahorrar costos con eficiencia para las empresas.

### ÁREA FINANCIERA

Las operaciones de análisis técnico que realizan los economistas especializados en finanzas para decidir a qué inversiones apuestan a través de bancos o *brokers* (empresas o personas que organizan transacciones comerciales de acciones y bonos en una bolsa de valores) son más rápidas y pueden efectuarse con controles en tiempo real. Esto minimizará las pérdidas en caso de hallarse con una rueda de operaciones negativa, con caída en el precio de las acciones. Gracias a que la computación cuántica puede analizar muchos estados simultáneos y realizar controles a la vez, los operadores de bolsa conseguirán anticiparse a las caídas y los ascensos vertiginosos de las acciones. Además, pueden calcularse

La criptografía digital ya no será necesaria
para efectuar claves seguras en
la transmisión de datos por internet.

y optimizarse los *portfolios* de inversión y las carteras financieras de acciones o bonos mediante la simulación de distintos contextos simultáneos que permitirán conocer las interconexiones de los activos (los papeles que se intercambian en una bolsa de comercio) mientras el *broker* opera.

## FRAUDE ECONÓMICO

Un área que se verá sensiblemente mejorada en caso de aplicarse la computación cuántica será la de fraudes económicos, como el llamado Flash Crash, de 2010, cuando el índice industrial de Wall Street, la bolsa de Nueva York, se hundió unos 1.000 puntos en 5 minutos por una manipulación de *trading* (sistema de compraventa de acciones) con el uso fraudulento de un programa que realizó miles de operaciones en menos de un segundo.

# SISTEMAS CRIPTOGRÁFICOS RESISTENTES A LOS *HACKERS*

Antes mencionamos que un buen programa con algoritmos cuánticos conseguirá develar cualquier clase de encriptación digital en pocos minutos, lo que constituye el mayor desafío para los especialistas en ciberseguridad. Ahora bien, los ingenieros que trabajan en computación cuántica creen que la nueva informática desarrollará consigo, en un futuro próximo, potentes decodificadores y, al mismo tiempo, nuevas generaciones de claves criptográficas que no se podrán "romper", el verbo con que designan el desciframiento de claves complejas.

La criptografía cuántica ofrece la posibilidad de generar claves simétricas completamente aleatorias y compartirlas de manera segura y eficiente sin necesidad de utilizar criptografía asimétrica para asegurar el canal ni de intercambiarlas en persona. Es decir, ofrece un canal seguro a través del cual enviar claves completamente aleatorias.

Las ventajas de la computación cuántica en sistemas criptográficos son en teoría muy grandes, tanto para decodificar datos cifrados como para cifrados más seguros en el momento de transmitir información. La información se encripta para que las personas que no están autorizadas no logren verla, por ejemplo, los millones de bits que se reciben y se envían por internet. Para eso se utilizan claves secretas que solo conocen los usuarios facultados y que un extraño tardaría meses en descubrir en una computadora convencional.

Uno de los desarrollos más interesantes en el campo de los algoritmos cuánticos es el diseño de los primeros sistemas criptográficos resistentes a la tecnología cuántica. La computación cuántica, diríamos con mucha propiedad, se cuida de sí misma.

Por ejemplo, "internet cuántico" es un concepto nuevo para transmitir información segura. Varios países, entre los que se encuentra China, ya realizaron las primeras pruebas con esa tecnología que permite usar fotones para enviar y distribuir claves en forma segura que luego pueden usarse para transmitir información codificada en forma segura.

El joven Christopher Chancé (2003-), especialista en computación cuántica y CEO de la *startup* (empresa emergente tecnológica) DataXype, afirmó que una de las aplicaciones más importantes de este nuevo modelo "es en la criptografía", porque "podrían realizarse contraseñas indescifrables usando los principios de la física cuántica". De esta forma, una internet de las cosas cuántica tendría un entorno de comunicación virtualmente invulnerable.

## SIMULACIÓN DE PROCESOS MOLECULARES

Una de las aplicaciones más interesantes y mejor desarrolladas de la computación cuántica actual está centrada en la investigación del "refinamiento de modelos físicos". Un modelo puede ser una construcción teórica de un sistema matemático o físico, o un montaje que reproduce el comportamiento de sistemas físicos o mecánicos complejos a diferentes escalas. De acuerdo con los expertos, este sistema permite la simulación de todo tipo de moléculas, lo cual facultaría a descubrir nuevos materiales para distintos tipos de construcción industrial o nuevos elementos químicos.

En la práctica, empresas automotrices como las alemanas Volkswagen o Daimler Benz apuestan a la computación cuántica para simular el comportamiento de compuestos químicos importantes para sus industrias como el hidrógeno o las cadenas de carbono. Esta simulación se logra a partir de compuestos complejos que sean capaces de imitar las estructuras químicas. Por ejemplo, la estructura de la batería de un vehículo eléctrico.
La idea de estas compañías es conseguir mayor duración y mejor rendimiento de las baterías para acercarse a desarrollos exitosos de vehículos como Tesla, una empresa estadounidense que diseña

y fabrica autos eléctricos, componentes para la propulsión de vehículos eléctricos y baterías a gran escala para uso doméstico.

El científico Hartmut Neven (1964-), director de ingeniería del equipo cuántico de Google AI (*artificial intelligence* o inteligencia artificial), explicó que la aplicación de la computación cuántica "se extiende a muchos campos". Entre ellos, señaló, se destacan "la simulación de procesos moleculares que se pueden traducir en el diseño de mejores baterías que beneficien al medio ambiente". Tanto las baterías de autos como las pequeñas que usamos en objetos portátiles son altamente contaminantes.

## AHORRO DE ENERGÍA

Estos estudios en curso podrán usarse, además, para la optimización de la energía eléctrica o en el diseño de catalizadores, sustancias que incrementan la velocidad de las reacciones químicas sin participar en ellas. Los catalizadores permitirían crear fertilizantes con componentes naturales que tendrían mucho menos impacto ambiental que los actuales, lo que favorecería, asimismo, a la agricultura. En la actualidad se emplea entre el 1 y el 2 por ciento de la energía mundial en la fabricación de amoníaco, una sustancia ampliamente usada para producir distintas clases de fertilizantes. El proceso necesario para la disociación de moléculas de nitrógeno requiere altas presiones y temperaturas, debido a lo cual se consume una enorme cantidad de electricidad.

Los estudios moleculares advirtieron sobre la existencia de la enzima nitrogenasa, que permitiría fabricar amoníaco con un costo energético pequeño, lo que reduciría el precio de los fertilizantes y, también, de los alimentos agropecuarios.

Para que este proceso sea viable, primero se necesita entender cómo se produce la síntesis de amoníaco a nivel molecular, lo que es imposible con computadoras convencionales pero se vuelve posible con computadoras cuánticas. Otro de los fenómenos vinculados con la información cuántica que experimentan las industrias está relacionado con los procesos de optimización de la producción. La gran capacidad de procesamiento de las computadoras

La fabricación de amoníaco, una sustancia ampliamente usada para producir fertilizantes agropecuarios, requiere una enorme cantidad de energía.

conseguiría crear simulaciones robóticas y de automatización industrial más complejas, eficientes y rápidas. Por ejemplo, sería de especial importancia para mejorar la logística de suministros y la cadena de distribución de las compañías.

Sin embargo, todas estas ideas en desarrollo chocan con una limitación momentánea de la información cuántica: es necesario un mayor poder de cálculo que el que disponen ahora las computadoras cuánticas.

# MEDICAMENTOS A LA CARTA

Hartmut Neven consideró que la información cuántica aplicada a la medicina tendrá un alto impacto, porque su potencial podría derivar en la síntesis de nuevos medicamentos o mejorar los existentes para que resulten más efectivos.

78

La enorme capacidad de cálculo de las computadoras cuánticas se empezó a aplicar en la secuenciación del ácido desoxirribonucleico (ADN). Con el desarrollo de este campo de investigación, los médicos podrán detectar y tratar problemas genéticos de una persona o diseñar drogas específicas para una enfermedad. Un tratamiento a la carta y no generalizado, como sucede hasta ahora.

En la actualidad, la creación de un medicamento implica años de investigación y pruebas. En cambio, con una velocidad de cómputo exponencial como la que prometen las computadoras cuánticas, esos tiempos se acortarán mucho y se podrán realizar simulaciones de los efectos de diferentes compuestos químicos en el organismo, lo que redundaría en drogas más baratas y efectivas.

## SATÉLITE CUÁNTICO

En 2016, China anunció que había lanzado el primer satélite de comunicaciones cuántico y un año después declaró que había podido utilizarlo para establecer comunicaciones encriptadas imposibles de descifrar.

El primer experimento consiguió una comunicación cuántica con el satélite desde tierra. Luego se realizaron comunicaciones con una señal encriptada cuánticamente en las que el satélite funcionó como repetidor entre dos puntos en tierra.

# DIAGNÓSTICO Y TRATAMIENTO MÉDICO

La ventaja potencial que ven los científicos en las tecnologías cuánticas apunta al diagnóstico y tratamiento de tumores cancerosos. Actualmente esas patologías se combaten con técnicas que pueden dejar secuelas, como la radioterapia o la quimioterapia, pero la medicina nuclear podría identificar y modificar células o tejidos cancerosos y, por lo tanto, atacarlos de modo que no afecte las células sanas de los pacientes.

Los médicos creen que las áreas de mayor potencial de desarrollo son las de diagnosis molecular, la medicina de precisión y la nanobiología, que estudia la organización, la composición, la estructura y la función de las moléculas dentro de las células animales o vegetales.

Al respecto, el instituto de investigación japonés Ciencia y Tecnología Cuántica y Radiológica (Quantum and Radiological Science and Technology o QST) anunció que comenzó a utilizar técnicas atómicas no invasivas para detectar tumores sólidos en media hora. Esto permite determinar el mejor tratamiento posible para cada tumor y predecir la eficacia terapéutica.

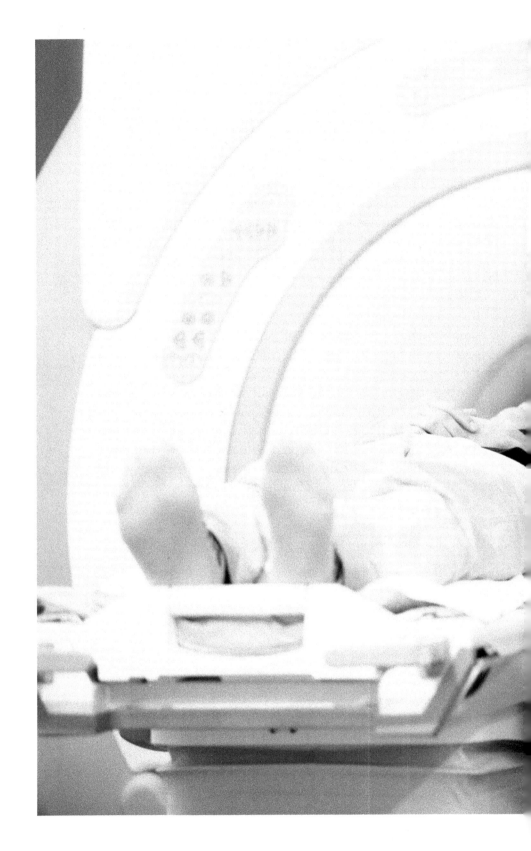

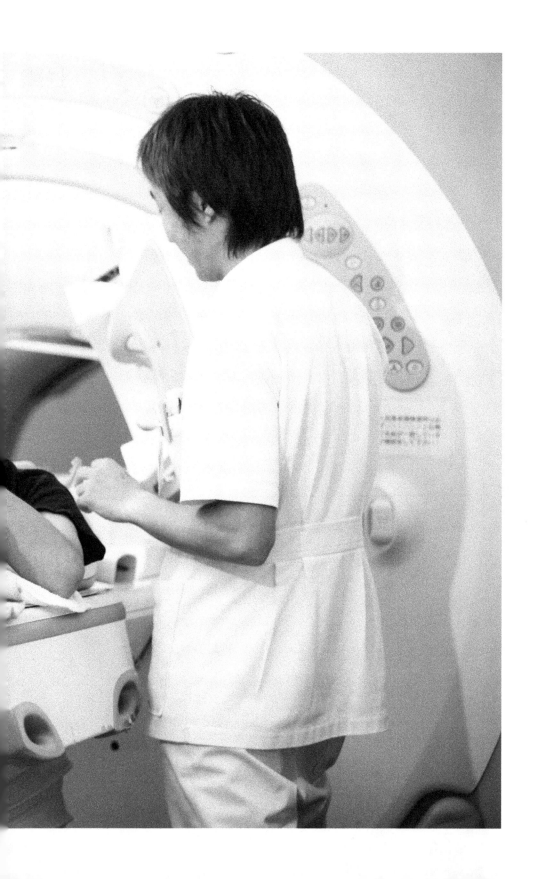

# LOS PROBLEMAS QUE ENFRENTA LA COMPUTACIÓN CUÁNTICA

## En busca de la máquina segura

El desarrollo de la computación cuántica presenta problemas que, en la práctica, demoran su aplicación en varios campos de la tecnología. Por más entusiasmo que tengan los científicos, las computadoras son por ahora prototipos de laboratorio con una capacidad de cálculo insuficiente. Además, tienen inconvenientes de compleja resolución, como las condiciones necesarias para que funcione bien un *qubit*.

Representación 3D del chip-procesador cuántico, por ahora con escasa capacidad de almacenamiento de *qubits.*

# UN MUNDO EXTRAÑO QUE NECESITA TIEMPO

La computación cuántica es, por ahora, solo accesible en un laboratorio especializado. Las tesis diseñadas por los científicos indican que una máquina con tecnología cuántica es superior en potencia de cómputo y velocidad a una digital. Sin embargo, esos mismos científicos admiten que se encuentra en desarrollo y que buscan mejorar sus usos prácticos.

Los físicos e ingenieros informáticos que trabajan en distintos proyectos de este campo del saber estiman que pasará algún tiempo antes de que las computadoras cuánticas tengan un impacto verificable en la vida de las personas y en las industrias, ya que primero deben superar problemas de construcción, funcionamiento y programación.

## CONSTRUCCIÓN

En principio, las máquinas que se han desarrollado con éxito presentan poco más de 50 *qubits* en su chip procesador, una capacidad notable desde el punto de vista experimental pero insuficiente para que sean realmente útiles y puedan, por ejemplo, resolver problemas matemáticos complejos o descifrar códigos criptográficos. El físico experimental Christopher Monroe (1965-) agregó que cuando se construya una máquina de bastante más de 100 *qubits* disponible para los científicos, recién entonces se hallarán aplicaciones útiles en distintas áreas como logística, finanzas y modelado de materiales. Desde fines de 2019, algunas empresas ensayan las posibilidades de trabajar con más de 70 *qubits.*

Respecto del mejor *hardware* (conjunto de elementos y materiales físicos que constituyen una computadora) para desarrollar la computación cuántica, los especialistas no se han puesto todavía de acuerdo, aunque trazaron una serie de condiciones,

conocida como "lista de DiVincenzo", por el físico teórico nor-teamericano David Di Vincenzo (1959-). Este inventario sostiene que las PC deben utilizar materiales que se puedan inicializar, esto es, llevarlas a un estado de partida controlado. También que sean posibles las manipulaciones de los *qubits* de manera contro-lada y que el sistema mantenga su coherencia cuántica a lo largo de un experimento. Asimismo, la lista requiere que el resultado final de los ensayos sea legible en la propia computadora y que

## ¿CÓMO ES UNA COMPUTADORA CUÁNTICA?

Una computadora cuántica no posee ni memoria RAM ni disco duro. Tan solo hay un procesador al que se hacen llegar las señales de microondas necesarias para gestionar los estados de los *qubits*. El receptáculo donde se enfría el procesador es el componente más llamativo.

En definitiva, es un sistema puramente computacional en el que, por el momento, no hay entornos de desarrollo ni compiladores ni lenguajes de programación.

El desafío de los científicos es reducir las interferencias que se producen en las computadoras cuánticas y corregir los errores.

Recreación cuántica en 3D. La más mínima perturbación externa del sistema provoca fallas de cómputo en *qubits*.

el sistema sea "escalable", esto es, que haya un modo definido de aumentar la cantidad de *qubits* para tratar con problemas de mayor dificultad.

## FUNCIONAMIENTO

Uno de los problemas que afrontan los desarrolladores es que cuanto mayor es la cantidad de *qubits* que contiene un procesador cuántico, mayor es el potencial de ruidos o interferencias, como ya adelantamos. De hecho, las corporaciones que experimentan con información cuántica se han fijado metas para superar los 53 *qubits* del prototipo de Google, porque confeccionar una computadora de 1.000 *qubits* es, en la actualidad, una mera hipótesis de ciencia ficción. Los físicos cuánticos plantean tres grandes dificultades para el desarrollo de computadoras más potentes: la reducción de las interferencias (decoherencia), la corrección de errores y la fiabilidad de los resultados, problemas que derivan de la propia naturaleza microscópica de los átomos.

Desarrolladores de varias empresas trabajan
en distintos tipos de *software* compatibles
con las computadoras cuánticas.

## LAS TRES GRANDES DIFICULTADES PARA EL DESARROLLO DE LA COMPUTACIÓN CUÁNTICA

Las interferencias. Según los especialistas, durante una fase de cálculo cuántico, la mínima perturbación externa del sistema, ya sea por otra partícula (por ejemplo, un fotón errante) o por radiación electromagnética, provoca fallas de cómputo. Es un proceso que en información cuántica se conoce como "decoherencia", es decir, una transición desde el comportamiento cuántico hacia un comportamiento clásico digital. En caso de darse este fenómeno, el *qubit* va perdiendo sus superposiciones cuánticas y su reversibilidad. Esto significa que deja de comportarse como 0 y 1 a la vez, y vuelve a funcionar como un bit, es decir, como 0 o 1. Por el momento, los tiempos de "coherencia" son medidos en segundos, por lo cual la tasa de errores aumenta proporcionalmente al tiempo de operación. Por eso, las computadoras cuánticas de laboratorio deben estar totalmente aisladas de toda posible interferencia para que la superposición cuántica sea duradera, y trabajan como máximo con 54 *qubits* (o con cerca de 70 en algún experimento) y no 1.000, porque es necesario mejorar la tecnología para que una mayor cantidad de unidades se comporte como predice la mecánica cuántica.

La corrección de errores. Dado el problema de interferencias continuas, la corrección de errores a través de algoritmos pasa a ser de vital importancia en la naturaleza cuántica, debido a que un solo error de cálculo invalida todo el proceso de cómputo. Si la tasa de decoherencia y error es baja, se pueden usar eficazmente algoritmos de corrección de errores.

La fiabilidad de los resultados. Este problema está íntimamente vinculado con los dos anteriores, ya que la captura de los resultados de cálculo cuántico entraña riesgos de obtención de datos erróneos, por lo cual tienen que ser corroborados por métodos tradicionales. De hecho, muchos experimentos de laboratorio son leídos por las confiables computadoras convencionales.

## PROGRAMACIÓN

Mientras las empresas intentan construir una máquina con capacidad suficiente para cómputos importantes, otros ingenieros ya trabajaron en el desarrollo de las herramientas de *software* que se utilizarán en el futuro, ya que el uso del *software* digital quedará obsoleto en una computadora con tanto potencial.

Los gigantes tecnológicos IBM y Google y la *startup* Rigetti Computing diseñaron distintos tipos de *software* compatibles con computadoras cuánticas para verificar simulaciones químicas. No es casual esta decisión, ya que los expertos consideran que la química y la ciencia de los materiales, por su propia naturaleza de origen atómico, son dos de los campos más fértiles para aplicaciones de tecnología cuántica en lo inmediato. Como vimos, los físicos creen que las nuevas computadoras conseguirán modelar nuevos materiales.

Los problemas recién enumerados permiten entrever que las nuevas computadoras son afectadas en pleno funcionamiento por la extrema fragilidad de sus componentes, que además solo trabajan a temperaturas extremadamente bajas.

## SILQ

Científicos de la Escuela Politécnica Federal (ETH) de Zurich, Suiza, han diseñado Silq, el primer lenguaje de programación que puede usarse en computadoras cuánticas de forma tan simple, confiable y segura como en las computadoras clásicas.

Hoy, la mayoría de los investigadores creen que las computadoras cuánticas algún día podrán resolver ciertos problemas más rápido que las computadoras clásicas, ya que para realizar sus cálculos utilizan estados cuánticos entrelazados en los que se superponen varios bits de información en un determinado momento. Esto significa que en el futuro las computadoras cuánticas podrán resolver eficientemente problemas que las computadoras clásicas no pueden resolver en un plazo razonable. Sin embargo, para utilizar el potencial de la computación cuántica no solo se requiere la última tecnología, sino también un lenguaje de programación cuántica para describir algoritmos cuánticos para que una computadora pueda realizar los cálculos necesarios.

"Silq es el primer lenguaje de programación cuántico que no está diseñado principalmente en torno a la construcción y la funcionalidad del *hardware*, sino en la mentalidad de los programadores cuando quieren resolver un problema, sin necesidad de que comprendan cada detalle de la arquitectura y la implementación de la computadora", dice en un comunicado Benjamin Bichsel, un estudiante de doctorado en el grupo del profesor Martin Vechev que supervisa el desarrollo de Silq.

La mayor innovación y simplificación que Silq aporta a los lenguajes de programación cuántica se refiere a una fuente de errores que ha plagado la programación cuántica hasta ahora.

Una computadora clásica calcula una tarea en varios pasos intermedios, lo que crea valores temporales. Para aliviar la memoria, estas computadoras borran automáticamente estos valores.

En el caso de las computadoras cuánticas, esta eliminación es más complicada debido al entrelazamiento cuántico: los valores calculados previamente pueden interactuar con los actuales, interfiriendo con el cálculo correcto. En consecuencia, la limpieza de tales valores temporales en computadoras cuánticas requiere una técnica más avanzada.

"Silq es el primer lenguaje de programación que identifica y borra automáticamente valores que ya no son necesarios", explica Bichsel. Los científicos informáticos lograron esto aplicando su conocimiento de los lenguajes de programación clásicos: su método de cálculo automático usa solo comandos de programación que están libres de cualquier operación cuántica especial.

# EL EXTRAORDINARIO ENFRIAMIENTO DEL PROCESADOR DE LAS COMPUTADORAS

Un desafío que tiene por delante la computación cuántica radica en las condiciones necesarias y excluyentes para que los *qubits* del chip cuántico operen correctamente. Además de los problemas ocasionados por interferencias de radiación electromagnética, las unidades de información cuántica funcionan a temperaturas cercanas a -273 °C (cero absoluto), para evitar que la energía térmica haga que cambien de estadio espontáneamente.

Los chips cuánticos están construidos con superconductores, unos materiales especiales que, a muy bajas temperaturas, dejan de tener resistencia eléctrica; es decir, conducen muy bien la electricidad. Esta operatoria es muy difícil de conseguir, incluso en laboratorios, ya que algunos experimentos requieren una interacción con los *qubits*, por caso, colocarlos en una posición inicial o medir los resultados del cálculo. Esa misma interacción provoca, a veces, que el *qubit* deje de mostrar su comportamiento cuántico.

En los laboratorios más modernos, como los de Google o IBM, las nuevas computadoras están acompañadas por un equipo refrigerante llamado criostato, que es como un gran termo de 3 por 3 metros para que los *qubits* funcionen a 0,015 °C por encima del cero absoluto.

Otro método que se utiliza para que funcionen con eficacia los *qubits* consiste en un alojamiento del procesador al vacío, para que ninguna partícula genere interferencias.

En las pruebas de laboratorio, los pulsos eléctricos que reciben las unidades de información cuántica deben ser perfectos. Si el color del pulso cambia, aunque sea muy poco, la computadora no funciona bien, explican los expertos.

Computadora cuántica IBM Q. Las nuevas computadoras trabajan con un criostato, una especie de gran termo que las mantiene apenas por encima de -273 °C.

## LA DIFICULTAD PARA ASEGURAR LA INFORMACIÓN EN UN *QUBIT*

Otro de los mayores desafíos en el desarrollo de la información cuántica es la dificultad de asegurar los datos contenidos en la unidad de información. Dada su naturaleza atómica, el *qubit* puede cambiar de manera imprevista con cualquier interacción, ya sea de una molécula, de una onda magnética o por la intervención de los investigadores para revisar la información.

Por eso, los especialistas indican que la información cuántica todavía es demasiado sensible a "ruidos". Pero ¿qué son exactamente los ruidos? Como ya dijimos, la más pequeña interacción entre partículas genera una interferencia en el proceso cuántico y una modificación en el *qubit*. Ese cambio es leído, desde el punto de vista macroscópico, como un error en el sistema y puede derivar en un cálculo mal hecho o en la interrupción del proceso de cómputo.

96

Las computadoras clásicas también sufren ruidos en la transmisión de datos, pero tienen incorporados protocolos (conjunto de reglas que permiten que dos o más entidades de un sistema de comunicación se notifiquen entre sí la transmisión de información) que protegen o, llegado el caso, corrigen esa información errónea.

En el mundo microscópico, estos protocolos son más delicados. Las fluctuaciones de las partículas pueden ocasionar, por ejemplo, cambios de estado en las unidades de información que las hacen inservibles o las modifican hasta que funcionen como si fueran bits digitales. Por caso, si el proceso de un cómputo complejo es interferido en la mitad de su recorrido, toda la cadena de deducciones queda invalidada. O sea, el experimento fracasa.

Esta inestabilidad propia de la mecánica cuántica provoca que sea muy compleja la tarea de realizar cálculos y recuperar sus resultados en el *qubit* físico, aun cuando sea combatida con técnicas de filtrado. Las investigaciones actuales están centradas en lograr sistemas tecnológicos con mayor fidelidad, de manera que se eliminen o se filtren lo máximo posible los ruidos que genera el propio sistema atómico. En caso de lograrlo, los ingenieros podrán

## LOS NUEVOS ALGORITMOS

El físico argentino Juan Pablo Paz, quien trabaja en la teoría de corrección de errores, sostuvo que cuánticamente es mucho más difícil prevenir o salvar los errores que en las computadoras digitales. Al respecto, ejemplificó que "en el caso cuántico, cuando estás enviando algo que no es ni un 0 ni un 1, un *qubit*, no podés mirarlo porque lo estás destruyendo y transformando en algo diferente".

El desarrollo de las teorías de corrección está muy avanzado, según el especialista, y se espera que en los próximos experimentos de laboratorio se implementen nuevos algoritmos que utilicen protocolos de protección cuántica ante los errores que, indefectiblemente, produce la física atómica.

desarrollar máquinas con más cantidad de *qubits*, es decir, más potentes.

Ahora bien, con tantos problemas complejos por resolver, ¿por qué las grandes corporaciones tecnológicas y muchos científicos siguen apostando al desarrollo de la computación cuántica?

El físico español Juan Ignacio Cirac lo explicó didácticamente: "Cuando escribes y envías un correo electrónico o redactas un texto, tu computadora realiza miles de cálculos. Estos problemas sencillos los resuelven muy eficientemente, pero hay otros que ni siquiera las supercomputadoras (digitales) serían capaces de solucionar porque requieren de una cantidad ingente de cálculos".

La potencia y la velocidad de las computadoras cuánticas en proyección permitirán completar muchas de esas tareas en un período razonable, humano. "Hay problemas que las supercomputadoras tardarían la edad del universo (alrededor de 13.000 millones de años) en resolver y una computadora cuántica solucionaría en una hora", ejemplificó Cirac.

# CASOS REALES
# DEL DESARROLLO
# EXPERIMENTAL

## La competencia entre
## corporaciones tecnológicas

Los experimentos exitosos en el área de la computación cuántica provocaron que grandes corporaciones tecnológicas se involucraran en la carrera por fabricar una computadora que finalmente sea más potente y eficiente que la mejor computadora digital conocida. Si bien muchas compañías invierten en el desarrollo, la situación actual parece indicar que la competencia es entre grandes jugadores: Google e IBM.

# LA CARRERA POR EL FUTURO

En octubre de 2019, la revista *Nature*, una de las publicaciones científicas más prestigiosas del mundo, informó acerca de un nuevo hito en la era de la computación: Sycamore, el procesador cuántico de Google, completó una operación de cálculo complejo en 200 segundos. Si esa misma operación hubiese sido ensayada en una computadora digital tradicional, "la ejecución habría demorado unos 10.000 años", según los investigadores de la compañía.

El experimento, realizado por el equipo científico liderado por John Martinis de la Universidad de Santa Bárbara, California, le permitió a Google decir que había alcanzado la "supremacía cuántica", un concepto acuñado en 2012 por el físico teórico norteamericano John Preskill (1953-).

La supremacía cuántica, según las tesis de Preskill, se alcanzaría cuando un dispositivo cuántico realizara algún tipo de cómputo (cualquiera sin alguna utilidad práctica específica, como el hecho por Google) que una computadora clásica no pudiera hacer.

En términos de la teoría informática, aumentar esa capacidad significa proporcionar una aceleración superpolinomial (más allá de los polinomios) sobre determinados algoritmos clásicos. Un polinomio es una expresión algebraica constituida por una suma finita de productos, entre variables y constantes. Las variables pueden tener exponentes de valores definidos naturales incluido el 0 y cuyo valor máximo se conocerá como grado de polinomio. El concepto de supremacía, de todos modos, se remonta a propuestas sobre computación cuántica del matemático ruso Yuri Manin (1937-) y del físico teórico estadounidense Richard Feynman.

Tras el experimento dado a conocer por *Nature*, la empresa anunció que enfocará sus esfuerzos en lograr que los procesadores estén disponibles para colaboradores e investigadores académicos, así como para las compañías que estén interesadas en desarrollar algoritmos y aplicaciones cuánticas.

La principal competidora de Google en el terreno de la computación cuántica, la también gigante tecnológica IBM, rechazó que se hubiera alcanzado la supremacía cuántica. Además, contradijo a Google al decir que el problema tratado por los ingenieros podía

El procesador cuántico de Google, con 53 *qubits* de capacidad, logró un nuevo hito en la era de la computación.

resolverse en 2 días y medio en una supercomputadora digital y no en miles de años, como habían notificado. De esta manera, minimizó el anuncio efectuado con bombos y platillos.

Tres investigadores de IBM afirmaron en el blog de la compañía que "una simulación ideal de la misma tarea puede realizarse en un sistema clásico en 2,5 días y con mucha mayor fidelidad (que la que alcanzó el ensayo de Google). De hecho, esta es una estimación conservadora, en el peor de los casos, y esperamos que con mejoras adicionales el costo clásico de la simulación pueda reducirse aún más".

Además, criticaron a su competidora. Sostuvieron que los experimentos no deberían poner el foco en la idea de supremacía

## ¿CUARTA, QUINTA O SEXTA REVOLUCIÓN INDUSTRIAL?

La batalla teórica —y comercial, por supuesto— entre las gigantes *tech* Google e IBM no oculta que el mundo está ante un nuevo umbral tecnológico y que, en cualquier momento, un historiador podría declarar la cuarta Revolución Industrial (la tercera se remonta a la década de 1950), gracias a la computación cuántica.

En verdad, el concepto de revolución industrial presenta controversias, ya que algunos señalan que la tercera Revolución se inició con la miniaturización de conexiones electrónicas integradas, la ampliación de técnicas de comunicación y el comienzo de la automatización en la década de 1950. En tanto que la cuarta empezó en la década de 1970 con la imposición masiva de las computadoras y el progreso del *software*. Además, ya hablan de una quinta, con la aparición de internet, en la década de 1990, y una sexta, que sería la cuántica.

cuántica sino en "cómo las computadoras clásicas y las cuánticas pueden trabajar juntas para resolver los problemas complejos que hasta ahora no se podía resolver o demandaba mucho tiempo hacerlo". Los investigadores del laboratorio cuántico de IBM sostuvieron que es posible modelar el comportamiento de una computadora cuántica más allá del hito de Google mediante técnicas matemáticas. En este sentido, los especialistas independientes se volcaron hacia las propuestas de los expertos de IBM y dijeron que las computadoras cuánticas no "reinarán" sobre las clásicas digitales sino que trabajarán en conjunto con ellas, ya que cada sistema tiene sus fortalezas únicas: las primeras, su velocidad y potencial de cálculo; las segundas, su legibilidad.

Por su parte, IBM se lanzó a la carrera cuántica con una jugada maestra que no solo le brindó una gran publicidad gratuita sino también una oportunidad de mejorar los desarrollos de sus investigaciones cuánticas. La gigante tecnológica puso a disposición de cualquier persona que deseara probarla una computadora de 5 *qubits* a través de una plataforma en internet llamada IBM Q. La computadora está situada en su laboratorio de la ciudad de Yorktown Heights, estado de Nueva York, y es posible usarla desde cualquier computadora digital del mundo mediante un *software* especial llamado *Qiskit*, que se descarga gratuitamente.

Juan Pablo Soto informó a la prensa que la estrategia de la

compañía "fue mover la computación cuántica más allá de los experimentos de laboratorio aislados realizados por un puñado de organizaciones, en manos de decenas de miles de usuarios. Hoy contamos con una comunidad activa de 150.000 usuarios registrados, 14.000.000 de experimentos, más de 180.000 descargas de Qiskit y más de 200 *papers* científicos desarrollados a través de IBM Q Experience".

La idea que guía a la compañía es que cualquier científico, investigador o programador pueda hallar errores en el sistema y se lo haga saber. Además, les da la oportunidad de trabajar con una máquina que podría resolverles problemas que en una computadora digital les tomaría mucho más tiempo, aunque solo tenga 5 *qubits*, señaló la empresa. Otra cualidad del sistema de IBM es que logra distribuir a lo ancho del planeta el uso de prototipos de sus computadoras cuánticas y prueba con el público en general sus cualidades. Sin duda, un paso previo a fabricarlas y venderlas.

Sin embargo, la llamada carrera cuántica no es un juego de solo dos gigantes *tech*, sino que muchas empresas informáticas, así como de otros sectores de la industria, se lanzaron a la investigación cuántica. Además de Google e IBM, también están detrás de la supuesta supremacía cuántica la compañía que fundó Bill Gates (1955-), Microsoft, la empresa de desarrollo

*103*

## LA D-WAVE 2 Y LA SYCAMORE

La primera computadora cuántica que utilizaron Google y la NASA fue una D-WAVE 2, construida por la empresa canadiense D-Wave Systems, y fue adquirida para experimentos en 2013. Pero la supuesta supremacía cuántica fue alcanzada con la Sycamore, de hasta 53, en un experimento que consistió en muestrear una determinada distribución de probabilidad.

En este sentido, la empresa del buscador más usado del mundo comenzó a efectuar experimentos para que su navegador Chrome sea lo suficientemente seguro contra las amenazas que la computación cuántica traiga. Como hemos visto, el problema de ciberseguridad y criptografías cuánticas es acuciante frente a esta nueva tecnología. El problema que tiene Chrome, según Google, es que las capacidades de la cuántica para el procesamiento de información son tan grandes que los protocolos y los sistemas de seguridad que se emplean en internet quedarán obsoletos.

Uno de los prototipos de IBM Q en la ciudad
norteamericana de Yorktown Heights. Se
puede visitar desde cualquier lugar del mundo
con un programa gratuito.

científico Nokia Bell Labs y la tecnológica china Baidu, conocida
por su motor de búsqueda.

También desarrollan investigaciones atómicas empresas de
otros sectores, como la gigante de la aviación Airbus, las automotrices alemanas Volkswagen y Daimler Benz o las compañías
de biotecnología norteamericanas Amgen y Biogen. Asimismo,
están las *startups* tecnológicas como la canadiense D-Wave
Systems, la primera empresa del mundo en vender computadoras
para estudiar los efectos cuánticos, y la ya mencionada Rigetti.
Todas ellas compiten por desarrollar una computadora cuántica
de 72 *qubits*, que tendría una gran capacidad para resolver nume-
rosos problemas y desarrollos en distintas áreas, como vimos en
los capítulos anteriores.

Los físicos teóricos que siguen a Preskill insisten, como dij-
mos, en que la supremacía cuántica llegará cuando una computadora sea capaz de trabajar con más de 100 *qubits*. En ese momento,
la informática cuántica servirá para realizar cálculos tan complejos
que una máquina convencional no podrá seguirla o tardará dema-
siados años para intentarlo.

## EL SUPERCHIP DE SYCAMORE

Más allá de las polémicas comerciales entre las corporaciones tecnológicas, los investigadores de Google parecen liderar la carrera
cuántica con su computadora de 53 *qubits* de capacidad, de acuerdo
con la opinión de la mayoría de los expertos. El Sycamore, el chip
procesador de esa compañía, es una grilla de 6 filas por 9 columnas compuesta de 54 pequeños anillos.

Los anillos forman una grilla superconductora que está conec-
tada entre sí por pequeñas guías y cavidades que transmiten
ondas electromagnéticas. Se trata de microondas que viajan de

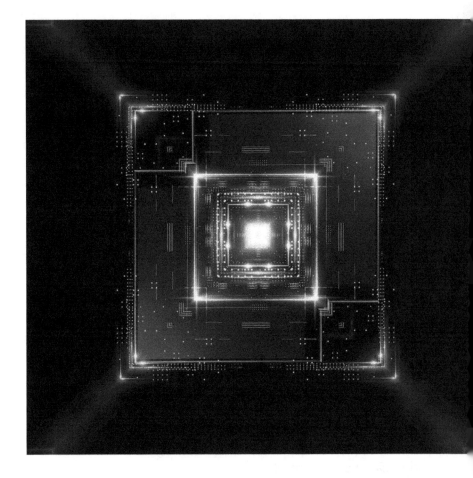

un *qubit* a otro enviando información y cambiando de estado para ejecutar un programa.

Si bien el chip superveloz tiene apenas unos centímetros, alrededor de 3 por 3, con muchos conectores (dispositivos de control) que salen de sus laterales, el equipo procesador está dentro de un criostato, que, como ya dijimos, es un gran termo de 3 por 3 metros que hace que el sistema funcione cerca de los -273 °C.

El experimento que realizó Google y que llevó a sus investigadores a decir que se había alcanzado la supremacía cuántica fue una buena oportunidad para evaluar el procesador. Con la capacidad del Sycamore buscaron algún problema en el cual pudieran mostrar esa supremacía, pero, lamentablemente, ese problema no fue de utilidad.

El superchip Sycamore de 53 *qubits* tiene
3 por 3 centímetros y es una grilla de 6 filas
y 9 columnas compuestas por 54 anillos.

La carrera consistía en ver quién podía llegar primero a hacer algo que una computadora clásica no pudiera. La crítica que surgió más tarde fue que ese problema que eligieron podía ser resuelto en una supercomputadora en cuestión de días y por lo tanto no habían alcanzado la supremacía cuántica. Por otra parte, otros científicos consideraron que la capacidad de 53 *qubits* todavía es pequeña para utilidades prácticas.

De todas maneras, un equipo de especialistas de Google y la NASA lleva adelante una investigación acerca de las posibles aplicaciones de una computadora cuántica en las áreas de inteligencia artificial y aprendizaje automático, aprovechando la capacidad del superchip Sycamore.

Por su parte, la Agencia de Seguridad Nacional (National Security Agency o NSA) de Estados Unidos, encargada de lo relacionado con la seguridad de la información en ese país, también desarrolla una computadora cuántica para estudiar criptografía, es decir, descifrar contraseñas, según reveló en 2019 el diario *The Washington Post*. Aunque, por supuesto, estas investigaciones son secretas.

Otra compañía tecnológica especializada en procesadores digitales de última generación, la norteamericana Intel, presentó en enero de 2017 su primer chip cuántico de prueba de 17 *qubits*. Dos meses después informó que había mejorado con éxito su diseño y exhibió otro chip de prueba con superconductores de 49 *qubits*. Según la empresa, la arquitectura del chip mejorará la experiencia en la corrección de errores que se dan en computación cuántica; es decir, busca alcanzar la meta de un *qubit* totalmente tolerante a fallas cuánticas aunque tenga menos capacidad.

Sin embargo, la empresa fue más allá en sus ensayos de laboratorio y, en diciembre de 2019, presentó su chip Horse Ridge, que según sus investigadores facilita la escalabilidad (la superación en lenguaje informático) del sistema y controla aún mejor los *qubits*. Hasta entonces, para medir y supervisar las unidades básicas de

El chip Horse Ridge no usa conectores entre los *qubits* y el equipo, sino pulsos electromagnéticos, lo que mejora la experiencia, según la compañía.

informática cuántica era necesario un sistema de cables que conectara cada *qubit* con el equipo, como vimos en el caso de Sycamore.

Horse Ridge recibe órdenes a través de radiofrecuencias y no por cables, lo que permite controlar los *qubits* dentro del criostato. Los científicos destacaron que este sistema traslada las instrucciones a pulsos electromagnéticos que pueden influir directamente en el estado de los *qubits* y colocarle información.

"Mientras se realizaron muchos esfuerzos en torno a los propios *qubits*, la habilidad de controlarlos ha sido un desafío para la industria. Con Horse Ridge, Intel desarrolló un sistema que permitirá acelerar las pruebas y darnos cuenta del potencial de la computación cuántica", afirmó Jim Clarke, director del área de computación cuántica de Intel.

## ÁTOMOS NATURALES O ÁTOMOS ARTIFICIALES

Las computadoras de Google e IBM no utilizan átomos naturales, sino artificiales. Son sistemas más grandes que un átomo natural pero que tienen propiedades similares y se comportan de acuerdo con las leyes de la mecánica cuántica. Como vemos, existen varias plataformas experimentales, diferentes entre sí, que se podrían utilizar para la computación cuántica.

Este es uno de los motivos por los cuales, hasta una capacidad moderada de 53 *qubits*, los métodos de corrección de

*Horse Ridge recibe órdenes a través de radiofrecuencia y no por cables, lo que permite controlar los* qubits *dentro del criostato.*

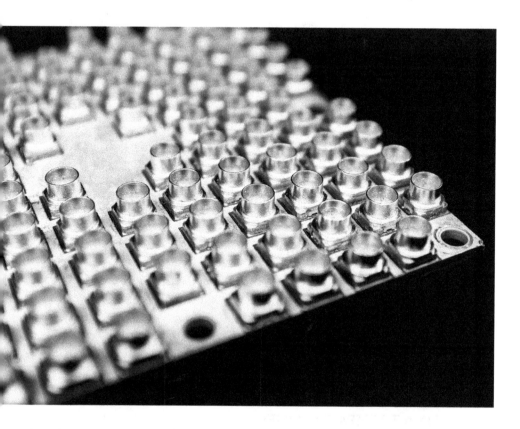

funcionamiento son efectivos en la computadora cuántica, explican los investigadores. No obstante, muchos expertos en cuántica mantienen la incógnita al hablar de máquinas con mayor potencial, por ejemplo, con cientos o miles de *qubits*. Como resumen, podemos decir que, si bien es un paso gigantesco que se hayan podido recrear átomos de laboratorio y, por ende, *qubits*, es difícil predecir si esa tecnología servirá para construir una computadora cuántica de gran potencia.

Juan Pablo Paz, el científico argentino mencionado, sostuvo que las computadoras clásicas utilizan en su mayoría semiconductores de silicio para sus circuitos integrados. En cambio, las cuánticas usan distintas tecnologías que compiten por mejorar resultados. "Una es la que utiliza Google, con átomos artificiales; otra, la que usamos nosotros en el laboratorio, que es la de átomos atrapados. Se llama 'trampa de iones' y permite manipular átomos individuales", indicó.

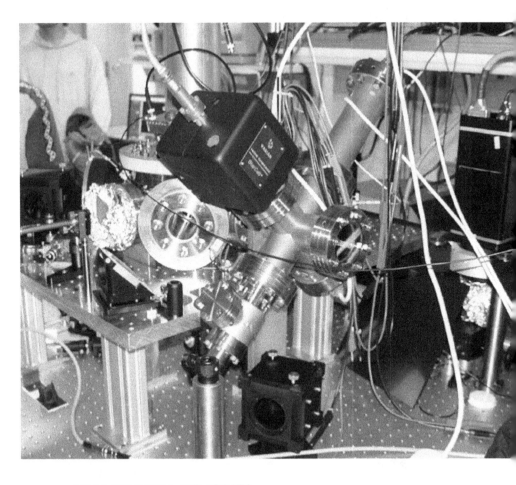

## UNA TRAMPA DE IONES

Una trampa de iones es una combinación de campos eléctricos o magnéticos que capturan iones en una cámara al vacío. El ion es un átomo con carga negativa o positiva. Esta tecnología se utiliza, por ejemplo, en relojes atómicos y es una de las plataformas propuestas para construir computadoras cuánticas.

Paz explicó que en la actualidad se pueden atrapar y manipular átomos uno por vez, y ubicarlos en lugares predeterminados del espacio. Hay muchos tipos de trampas, pero las más comunes y fáciles de usar son las que tienen cuatro electrodos (conductores eléctricos o cables) conectados, dos en el polo positivo y dos en el negativo.

Si llega un ion positivo (catión) a la zona de los electrodos dentro de la cámara al vacío, se enfrentará con dos cargas: una que lo rechaza y otra que lo atrae. Así, los científicos generan una dirección inestable del ion que queda atrapado sobre el eje de los cuatro electrodos, alineado en el medio del sistema.

Una trampa de iones muy común consiste en una cámara al vacío donde se colocan cuatro electrodos, dos en el polo positivo y dos en el negativo.

Paz aclaró que una virtud de los átomos naturales es que son todos "iguales entre sí, pero atraparlos es más difícil y los métodos de control son complicados". Esto significa que es complejo estabilizar los átomos cuando son muchos y que, además, interactúen entre sí.

El procesador que usan Google e IBM es como un grupo de anillos pequeños de un material superconductor, de tal manera que si se lo enfría lo suficiente, deja de tener resistencia eléctrica y, por lo tanto, deja de disipar energía. A estas temperaturas, del orden de los 0,015 Kelvin, las corrientes oscilantes que circulan por los circuitos superconductores manifiestan propiedades cuánticas. En efecto, sus energías adquieren valores precisos, tal como sucede con los átomos, y es posible asociar el *qubit* a los dos niveles más bajos de energía. Es decir que puede existir en dos estados (0 o 1) o en la superposición de varios estados a la vez (0 y 1 y todas las posiciones intermedias).

*111*

La gran ventaja de los átomos artificiales es su fabricación, ya que la industria de la microelectrónica y la de las ciencias de materiales están muy desarrolladas y permiten que este tipo de tecnología sea manipulada por los científicos que investigan las propiedades de la computación cuántica.

## EL GRAN SALTO TECNOLÓGICO

Muchos científicos expresan cierto pesimismo o una prudencia extrema cuando hablan de computación cuántica. Algunos ingenieros dicen que, por el momento, lo único que se sabe con certeza es que las computadoras cuánticas ayudarán a realizar una serie de operaciones útiles en todos los campos científicos y tecnológicos. De todos modos, los avances que se lograron en los últimos 5 años en el campo son inmensos. Hasta 2019, las computadoras

## ¿ALGUIEN QUIERE PROBAR
## LA COMPUTADORA CUÁNTICA?

Cualquier persona que quiera conocer acerca del tema y practicar computación cuántica puede probarla desde distintos simuladores que utilizan lenguajes de programación ya conocidos como C, C++, Java, Matlab o Python, entre otros. También hay lenguajes de programación nuevos como Q#, del gigante informático Microsoft.

Además, se puede jugar con una máquina cuántica en las plataformas de IBM (https://qiskit.org/) y Rigetti (https://www.rigetti.com/systems).

que se conocían eran mucho más pequeñas que la de 53 *qubits* que presentó Google y ni siquiera eran completamente programables. Hasta ese experimento del gigante tecnológico con su chip procesador Sycamore, cualquier computadora cuántica hacía procesos que podían ser simulados en una computadora clásica con un resultado muy similar.

Debido a este cuadro de situación, la comunidad científica vio con mucho respeto el experimento de Google, dado que se estaría más cerca del umbral de un nuevo paradigma en las ciencias informáticas. A partir de 2020, el desafío será desarrollar computadoras más grandes, con 100 o más *qubits*, para que sean útiles a las ciencias y la ingeniería de materiales.

A comienzos de 2019, IBM anunció la fabricación de una computadora cuántica integrada para uso comercial, con una potencia de 20 *qubits*, la IBM Q System One. A fines del mismo año, la compañía presentó un nuevo prototipo de 53 *qubits*, que ofrece una red más amplia y brinda a los usuarios la capacidad de ejecutar experimentos de entrelazamiento y conectividad complejos. De hecho, es bastante similar a la de Google, según dicen los expertos. Sin embargo, lo primero que hay que saber para ingresar en el universo conceptual de la información cuántica es que todavía no existen las computadoras cuánticas. Al menos no con la idea que nos hemos hecho de "tener una PC". Lo que existen son prototipos de investigación y algunos desarrollos comerciales avanzados de baja potencia. A pesar de los progresos que hemos mencionado, la idea de tener una computadora cuántica a mano o en el escritorio de nuestra casa es por el momento una utopía. Y esto no es solamente por los altos costos de su construcción, sino también por su tamaño. Como vimos, solo el criostato enfriador mide 3 por 3 metros.

En el campo de la computación cuántica, se está en una situación similar a la de los comienzos de la computación digital, cuando una máquina ocupaba el sótano entero de una universidad. En teoría, los expertos tienen todo claro: saben cómo construir una computadora cuántica, cómo tiene que funcionar el chip procesador a partir de la mecánica cuántica y qué programas o algoritmos se deben ejecutar.

El problema, como vimos, es que su funcionamiento necesita condiciones especiales de tamaño y enfriamiento. Los científicos en informática cuántica admiten que "todavía" no tienen a disposición la tecnología para controlar totalmente los fenómenos que caracterizan a la física cuántica, de ahí lo dificultoso que es fabricar una PC cuántica. Pero debemos decir, para finalizar, que han progresado muchísimo y no hay que descartar que en un futuro próximo esta tecnología sea masiva, al menos en su uso industrial.

El desafío más grande de este nuevo paradigma de las ciencias informáticas es alcanzar un potencial deseable y hallar sistemas de fabricación que democraticen el uso de las computadoras, como sucedió a partir de la década de 1970 con la PC.

*113*

# GLOSARIO

**Algoritmos.** Grupo de operaciones organizadas de manera lógica y ordenada como una serie de instrucciones que permite solucionar un problema o arribar a un resultado específico.

**Bit.** La unidad mínima de información de una computadora digital clásica.

**Campo cuántico.** Equivale a un colectivo de partículas cuánticas.

**Código binario.** El bit puede tener solo dos valores: 0 (cero) y 1 (uno). Esto significa que los *softwares* (programas informáticos) y las aplicaciones de los móviles están codificados en un lenguaje binario de ceros y unos.

**Criptografía.** Disciplina que transforma datos claros en cifras para restringir el acceso a la información.

**Decoherencia.** Transición de un bit desde el comportamiento cuántico a un comportamiento digital clásico.

**Escalabilidad.** Capacidad de superación en cantidad de *qubits* de las computadoras cuánticas.

**Fotón.** Cuanto de energía que presenta propiedades de onda y de partícula.

*Hardware.* Conjunto de elementos y materiales físicos que constituyen una computadora.

**Números de punto flotante.** Forma de anotación científica usada en las computadoras, con la cual se puede representar números reales extremadamente grandes y pequeños de un modo compacto.

**Onda deslocalizada.** Partícula cuántica cuya posición se reparte en una distribución de posibilidades.

**Paralelismo cuántico.** Es la posibilidad de un *qubit* de representar simultáneamente los valores 0 y 1, con lo cual los algoritmos cuánticos realizan simultáneamente las operaciones sobre todas las combinaciones posibles.

**Protocolo.** Conjunto de reglas que permite que dos o más entidades de un sistema de comunicación se notifiquen entre sí la transmisión de información por medio de cualquier tipo de variación.

**Protocolos HTTP.** Protocolos destinados a la transferencia segura de datos de hipertexto usados en internet.

***Qubit* (bit cuántico).** Unidad mínima de información de una computadora cuántica.

**Romper una encriptación.** Término con que se designa el descifrado de claves complejas.

# BIBLIOGRAFÍA RECOMENDADA

○ Allende López, Marcos. **¿Cómo funciona la computación cuántica?** Blog abierto al público del Banco Interamericano de Desarrollo, mayo 2019. Disponible en internet: https://blogs.iadb.org/conocimiento-abierto/es/como-funciona-la-computacion-cuantica/.

○ Allende López, Marcos. **Tecnologías cuánticas.** Disponible en internet: https://publications.iadb.org/es/tecnologias-cuanticas-una-oportunidad-transversal-e-interdisciplinar-para-la-transformacion-digital.

○ Banafa, Ahmed. **Computación cuántica y *blockchain*: mitos y realidades**. Blog Open Mind, BBVA, noviembre 2019. Disponible en internet: https://www.bbvaopenmind.com/tecnologia/mundo-digital/computacion-cuantica-y-blockchain-mitos-y-realidades/.

○ Caballero, Lucía. **Cómo los ordenadores cuánticos cambiarán para siempre la computación**. El Confidencial Tecnología, Madrid, 2015. Disponible en internet: https://www.elconfidencial.com/tecnologia/2015-11-23/como-los-ordenadores-cuanticos-cambiaran-la-computacion-explicado-por-cirac_1100982/.

○ Julián, Guillermo. **Computación cuántica: qué es, de dónde viene y qué ha conseguido**. Blog Xataka, febrero 2018. Disponible en internet: https://www.xataka.com/ordenadores/computacion-cuantica-que-es-de-donde-viene-y-que-ha-conseguido.

○ Knight, Will. **El nuevo romance de la computación cuántica y la inteligencia artificial**. MIT Technology Review. 2017. Disponible en internet: https://www.technologyreview.es/s/9871/el-nuevo-romance-de-la-computacion-cuantica-y-la-inteligencia-artificial.

○ La Torre, Davide, Humble, Travis y Gottlieb, Joel. **Financial portfolio management using D-Wade's quantum optimizer. The case of Abu Dabi Securities Exchange**. Department of Applied Mathematic and Sciences, Khalifa University, Emiratos Árabes Unidos, IEEE, 2017. *En inglés*. Disponible en internet: http://ieee-hpec.org/2017/techprog2017/index_htm_files/102.pdf.

○ Paz, Juan Pablo. **La física cuántica. Todo sobre la teoría capaz de explicar por qué los gatos pueden estar vivos y muertos a la vez**. Buenos Aires, 2017, Siglo XXI Editores.

○ Entrevista a Juan Pablo Paz. **"Jaula de iones y computadoras cuánticas"**. En Revista ¡De acuerdo! Disponible en internet: https://www.revistadeacuerdo.org/2019/03/04/jaula-de-iones-y-computadoras-cuanticas/.

○ Perazo, Cintia. **"Por qué las grandes compañías tecnológicas buscan dominar la computación cuántica"**. La Nación, Buenos Aires, noviembre 2019. Disponible en internet: https://www.lanacion.com.ar/tecnologia/por-que-grandes-companias-tecnologicas-buscan-dominar-nid2305815.

○ Romero, Nicolás. **"Qué es y cómo funciona la computadora cuántica"**. Página/12, Buenos Aires, octubre 2019. Disponible en internet: https://www.pagina12.com.ar/227559-que-es-y-como-funciona-la-computadora-cuantica.

# TÍTULOS DE LA COLECCIÓN